JOHN B. WATSON

Las Formas del Conductismo

JOHN B. WATSON

Las Formas del Conductismo

Edición
Javier Virués Ortega

Ensayos
James T. Todd
Bruno Strappasson

Las Formas del Conductismo es la edición en español de *The Ways of Behaviorism* de J. B. Watson, Harper & Brothers Publishers, Copyright © 1928.

La presente edición es acorde a las provisiones de transferencia al dominio público previstas por las leyes de copyright de EEUU y, en particular, del Título 17 del *Copyright Act* de 1976. Esta edición ha sido auspiciada por la Cátedra Externa ABA España de Análisis Aplicado de Conducta de la Universidad de Cádiz. Los ensayos introductorios y reseñas son originales. El crédito de la imagen en la pág. 28 corresponde a Paidós (Watson, J. B. [1947]. *Conductismo.* Buenos Aires: Paidós, pág. 4). Otros créditos fotográficos pueden consultarse en las páginas 10, 21, 24 y 68. Las reseñas de contraportada son originales, a excepción de la de Skinner, extraida de la conferencia *What John B. Watson Meant to Me* (Skinner 1979), cuya referencia completa se ha añadido a los ensayos introductorios.

Traducción, maquetación, diseño de cubierta y edición: Javier Virués Ortega
Ensayos introductorios: James T. Todd, Bruno Angelo Strapasson, Javier Virués Ortega

Citas

Watson, J. B. (2024). *Las formas del conductismo* (J. Virués Ortega, ed. y trad.). ABA España. https://doi.org/10.26741/978-84-09-64849-8 (Original publicado en 1928)

Todd, J. T., Strapasson, B. A., & Virues-Ortega, J. (2024). Ensayos introductorios. En J. B. Watson, *Las formas del conductismo* (págs. 11-28). ABA España. https://doi.org/10.26741/978-84-09-64849-8_01

ABA España es una organización dedicada a la difusión, enseñanza e investigación del análisis aplicado de conducta en el mundo de habla hispana con iniciativas educativas, editoriales, tecnológicas y científicas, visítanos en aba-elearning.com

ISBN-13 978-84-09-64849-8 (Edición en rústica)
https://doi.org/10.26741/978-84-09-64849-8

Esta edición está dedicada a la memoria de
Brian A. Iwata
1948-2023

Tabla de contenidos

John B. Watson en *Whirppoorwill Farm* (ca. 1935).
Foto cortesía de Ben Harris.

Prefacio a la edición en español: Ensayos introductorios*

CÓMO ENTENDER *LAS FORMAS DEL CONDUCTISMO*

James T. Todd
Eastern Michigan University

El libro de Watson de 1928, *Las formas del conductismo*, ha sido en gran parte olvidado, desconocido salvo para los estudiosos de Watson. Incluso entre estos no suele presentarse como una obra importante. Esto es un grave error. El descuido de esta obra esencial nos ofrece una comprensión incompleta de Watson, excesivamente dependiente de afirmaciones anteriores y menos elaboradas de su posición, en lugar de basarse en ideas construidas después de reflexionar con mayor exhaustividad y detenimiento. La versión original de Watson de 1913 de *La psicología tal como la ve el conductista* es la fuente citada habitualmente en lugar de la versión revisada, y algo más segura, del mismo material en su libro de texto de 1914, *Conducta: Una introducción a la psicología comparada* (Watson, 1914). Este patrón de Watson, de expresar sus puntos de vista con mayor confianza a lo largo del tiempo se obvio en *Las formas del conductismo*. Por ello, aplaudo la iniciativa de publicar una edición en español. No sólo vemos el libro recuperado de la oscuridad, sino hecho más accesible. Los traductores han actualizado el lenguaje, liberándolo de su pátina secular y de coloquialismos que no son familiares ni siquiera a los angloparlantes. Los lectores de esta edición pueden saber con relativa facilidad lo que dice Watson; los demás debemos recurrir periódicamente al diccionario o la enciclopedia.

* Todd, J. T., Strapasson, B. A., & Virues-Ortega, J. (2024). Ensayos introductorios. En J. B. Watson, *Las formas del conductismo* (págs. 11-28). ABA España. https://doi.org/10.26741/978-84-09-64849-8_01

No se trata de una cuestión menor de terminología. Veamos un ejemplo. En el capítulo dos, "¿Por qué el conductista carece de instintos?", uno de los capítulos más importantes del libro, encontramos el acrónimo "FFV" (pág. 47), referido a las "Primeras Familias de Virginia" (*first families of Virginia*). Se refiere Watson a los primeros latifundistas en lo que se convertiría en el estado de Virginia en el siglo XVII, y sus descendientes modernos. En la época de Watson se habrían considerado no sólo una clase socialmente dinástica digna de privilegio, sino una clase hereditaria, inherentemente superior a la persona media (véase, p.ej., Goddard, 1912). Watson argumentó que la herencia no tenía un papel significativo a la hora de otorgar a las FFV, o a cualquier otro grupo, un estatus elevado, señalando en su lugar factores ambientales y sociales. Pero hay más. Al señalar a las FFV, no sólo en este libro, sino antes en *Conductismo* (1924a, 1930), Watson estaba enviando un mensaje anticlasista punzante y personal. Nacido en Greenville, Carolina del Sur, al sur de los Apalaches, en el profundo sur rural y pobre de EEUU, Watson no era un *hillbilly**, pero casi. La herencia no le había frenado, y algo más aparte de la herencia mantenía a las FFV en pie. Para decirlo más claramente, Watson, sureño pobre de nacimiento, les estaba diciendo a las acomodadas dinastías sureñas que no eran mejores que él. Este mensaje inspiró a muchos. Sin él, quizá no hubiéramos tenido a Fred Keller, quien tras leer un pasaje similar en *Psicología desde el punto de vista de un conductista,* afirmó que su ascendencia no era su destino:

> Respondí a tal enseñanza con presteza y esperanza. La herencia no me había condenado, como yo pensaba. Mi preparación para la psicología era inadecuada, según la propia prescripción de Watson, pero eso podía repararse. Empecé a pensar en volver a la universidad, si me lo permitían, para aprobar mi curso de educación física, recuperar los créditos que perdí por no asistir a los servicios religiosos y dominar el punto de vista conductista (Keller, 1994, pág. 127).

Al decir todo esto, le pido al lector que piense en lo radical que era Watson no sólo científicamente en su época, sino también políticamente. Como había hecho tanto en *Conductismo* como en *La psicología desde el punto de vista de un conductista,* siguió rechazando enérgicamente, por carecer de fundamento científico, el hereditarismo dominante de su época, así como el racismo y sexismo de la era de las leyes Jim Crow**. Podemos verlo en su declaración sobre el estatus social de los negros en EEUU (págs. 54-55), donde rechaza su inferioridad genética racial, considerada un hecho científico en la época (Gould, 1981). Elegir a los chinos como ejemplo relacionado (pág. 50) no habría sido

* Término despectivo cuando los utilizan extraños y de cómica autodeprecación en el uso familiar.

** Leyes de segregación racial en los estados del sur de EEUU, vigentes entre 1876 y 1965.

un accidente cuando la *Ley de Exclusión China* aún estaba en vigor. Podemos leer *Las formas del conductismo* como una versión de *Sobre el conductismo* de Skinner (1974/1977), obra que complementa sus escritos anteriores y explica los detalles de su inusual psicología a un público lego. Pero también es una declaración política radical respaldada por, al menos en opinión de Watson, la comprensión científica de la conducta humana más avanzada de la que se podía disponer en la época.

Esto nos lleva a la originalidad de *Las formas del conductismo.* No fue un libro escrito de una sola vez, es una colección de artículos publicados en *Harper's Monthly Magazine. Harper's* era leída por cualquiera que quisiera estar al día de la actualidad intelectual, filosófica y científica de la *Era Progresista* estadounidense. Que este libro sea una recopilación, editada y revisada, y hasta cierto punto poco original, no debería desanimarnos. Tal vez pensemos que las versiones originales de estos artículos, y las ediciones originales de *La psicología desde el punto de vista de un conductista* (1919, 1924b) o *Conductismo* (1924a), de las que se derivan en última instancia estos ensayos, son las auténticas fuentes genuinas. Tal vez nos preocupe que obras populares como este libro carezcan de la precisión analítica necesaria para el académico. Por lo tanto, podríamos creer que debemos de dirigir nuestra atención exclusivamente, o al menos principalmente, a los artículos científicos y filosóficos de Watson, especialmente a obras como *La psicología tal como la ve el conductista* (a veces llamado su "Manifiesto") de 1913, y quizá a cosas como el oscuro pero importante *Imagen y afecto en la conducta* (1913a), un texto cercano al primero, pero escasamente leído (uno es filosofía, el otro es su trasfondo técnico). No obstante, colecciones como ésta (pienso también en *Registro acumulativo* y *Contingencias del reforzamiento de* Skinner 1959/1975; Skinner, 1969) pueden ser mejores recursos para ayudar al recién llegado a comprender las ideas principales de estos movimientos científicos y para ayudar al erudito a conocer mejor lo que Watson o Skinner podrían haber querido decir en algún pasaje académico anterior. He aquí un secreto a voces: ni *Conductismo* (1924a, 1930) ni *La psicología tal como la ve el conductista* (1919, 1924b) son obras integradas. Son antologías de artículos escritos por separado y unidos a posteriori. Esta es la razón por la que Watson fecha el término "conductismo" en 1912, incluso aquí, en este libro, a pesar de que el término apareciera impreso por primera vez en 1913 (Schneider, 1987). Lo había estado utilizando en la serie de conferencias que se convirtieron en el libro *Conductismo* (1924a) que originalmente se vendió como una colección de fascículos en lugar de como libro. ¿Mi consejo? Lea estos capítulos y luego vuelva a los capítulos correspondientes de *Conductismo* y *La psicología tal y como la ve el conductista,* y a artículos como *Reacciones emocionales y experimentación psicológica* (Watson y Morgan, 1917). Todo ello le dará una imagen más clara y completa de las ideas de Watson, tanto de sus cualidades como de sus defectos.

Hasta aquí he intentado situar *Las formas del conductismo* en un contexto social: la era progresista de EEUU (véase Buckley, 1989). Watson al menos la insinúa en estas páginas. No obstante, no podemos depender de Watson en ningún caso para el contexto científico. Si leyéramos sólo este libro, o incluso la mayoría de sus obras, creeríamos que es una especie de superhéroe intelectual, "el conductista" que libra una batalla solitaria y unipersonal contra la subjetividad, la religión y la superstición en psicología. La realidad es que el estructuralismo de Titchener (Titchener, 1928) había perdido su primacía ya en la época del manifiesto de 1913 (por lo que Watson no pudo haberlo expulsado de la psicología con su conductismo; Leahey, 2002), y vegetaba moribundo en 1928, cuando se publica este libro (Hilgard, 1987). El concepto de conciencia ciertamente no había desaparecido, y Freud continuaría ascendente más allá de cualquier predicción y a pesar de las críticas de Watson. Pero pocos se preocupaban por los estudios objetivos. Las revistas estaban llenas de ellos. Los trabajos sobre la conducta animal estaban pasando de la fisiología a la psicología. La mayoría de los animales *ya no pensaban tanto en lo que hacían* como lo habían hecho cuando estaba de moda proyectar en ellos una conciencia limitada, pero similar a la humana (Boakes, 1984; ver también Tolman,1932). Watson escribe como revolucionario en un país que ya ha declarado la independencia.

Por supuesto, este patrón de narcisismo intelectual no habría pasado desapercibido para los contemporáneos de Watson (véase p.ej., Calkins, 1913; Jastrow, 1929; Titchener, 1914; véase también Samelson, 1981). Joseph Jastrow, en su reseña de 1929 de este mismo libro aparecida en la revista *Science*, se afana en señalarlo. Jastrow elogió a Watson por su ciencia, pero le acusó de no reconocer a muchos otros que hicieron posible la existencia del conductismo. Jastrow, ahora prácticamente olvidado, fue uno de los motores iniciales en la promoción de la psicología científica (véase Jastrow, 1935; Pierce y Jastrow, 1884). Fue el organizador de la sección psicológica de la *World's Columbian Exposition* de 1893, cuando Watson aún era un niño, en la que la psicofísica, plenamente objetiva y científica en sus métodos, fue el centro de atención (véase Fechner, 1860). Watson había sido editor de la *Psychological Review* y era un gran conocedor de la psicología. Habría sabido que era uno más de los muchos que habían rechazado las técnicas subjetivas en favor de los datos objetivos, o que nunca se habían preocupado por la cuestión y se habían limitado a recopilar sus datos y sacar sus conclusiones (Boakes, 1984; Boring, 1950; Hilgard, 1987). Incluso James R. Angell, director de tesis de Watson en la

Universidad de Chicago, no recibe ningún crédito, alineado por Watson en este libro con los subjetivistas (pág. 35). Yo diría que, a principios del siglo XX, Angell, con su disposición a considerar los estudios objetivos como psicología y el rechazo de la hegemonía de Titchener, podría haber sido un factor más importante que permitiría a Watson lograr que la psicología fuera científica (véase Angell, 1907; Hilgard, 1987). Podríamos ver, por ejemplo, la introducción de Angell a la edición en lengua inglesa del libro *Clever Hans* (Pfungst, 1911) para ver la importancia que Angell concedía a la objetividad y al rechazo de la superstición. Podríamos casi confundirle con Watson.

Lo que digo es que, si esperamos situar el trabajo de Watson en un contexto científico, o incluso comprenderlo aceptablemente, no podemos quedarnos en Watson. Tendremos que hacer algunas pesquisas, lecturas adicionales, remontándonos al menos a mediados del siglo XIX. Algunas personas, que se han formado con la noción recogida en innumerables libros de texto de que la psicología de laboratorio comenzó con el laboratorio de Wundt en Leipzig en 1879, no se dan cuenta de que su historia formal, los experimentos psicológicos reales, especialmente sobre percepción, memoria y movimiento inconsciente, se remontan al menos al primer tercio del siglo XIX (Boakes, 1987; Boring, 1950; Spitz, 1997). Así pues, para ver de dónde proceden las ideas de Watson deberemos ir más allá de este libro, más allá de su obra y más allá de la mayoría de la historiografía al uso de la psicología. Veamos un ejemplo más, para emular este aspecto descuidado de Watson. En sus obras, incluida ésta, encontraremos mucho sobre el pensamiento como habla subvocal. Esta idea fue introducida en el conductismo en 1913 en *La psicología tal como la ve el conductista*, y aparece en diversas formas, no bien elaboradas o expresadas, en sus principales libros, incluido en éste. Algo parecido a una versión muy mejorada de la privacidad psicológica fue desarrollada por Skinner en 1945 en *El análisis operante de los términos psicológicos* (Skinner, 1945). En ninguna de estas obras encontramos mención a Anna Wyczółkowska, cuyo artículo de 1913 sobre el pensamiento como habla subvocal apareció en el mismo número de *Psychological Review* que *La psicología tal y como la ve el conductista*, y al parecer sirvió de inspiración para que Watson añadiera esta noción a su artículo a última hora en una serie de notas a pie de página. (Domanski, 2021; Samelson, 1994; Wyczółkowska, 1913). Por supuesto, el pensamiento como habla subvocal, como teoría formal, surgió décadas antes incluso que Wyczółkowska. Pero debido a la celebridad de Watson en la historia de la psicología, ni Wyczółkowska ni los estudiosos que la precedieron reciben crédito alguno.

Concluyamos reiterando que debemos elogiar a los traductores de este libro por sacarlo a la luz, elaborar los detalles de lo que decía Watson y, esperemos, reavivar el estudio, actualmente adormecido, de la historia del conductismo watsoniano. Este libro explica algunas de las ideas de Watson mejor que cualquiera de sus otras obras. Esto es especialmente cierto en los capítulos sobre conductismo y sobre el instinto. Por fin vemos claramente a Watson como un verdadero darwinista para quien los humanos han evolucionado sin necesidad de complejos patrones innatos de conducta; se adaptan adaptándose. Algunos capítulos no son más que recapitulaciones, pero quizá resulten útiles a modo de glosa. Watson tropieza, en mi opinión, al abordar la «imagen mental», escribiendo de un modo que parece sugerir un precedente adelantado a la afantasía* (Zeman et al., 2015). Falla también, al no situar sus ideas en su contexto, dándoles una aparente originalidad mayor de la que merecen (Watson no era de los que se suben a hombros de gigantes). Dicho esto, es importante señalar que las grandes ideas no siempre están bien elaboradas desde el principio; a veces están incrustadas en otras problemáticas y a veces las enuncian personas que arrastran sus propios sesgos, sobre todo cuando las ideas y las personas que las expresan son de un siglo anterior. Todo ello hace que su estudio sea más desafiante y, por tanto, más gratificante. Esta traducción es un lugar excelente para empezar a buscar esas satisfacciones.

LOS CONDUCTISMOS DISÍMILES

Bruno Angelo Strapasson

Universidade Federal do Paraná

Es un gran placer presentar esta traducción de *Las formas del conductismo*, una obra significativa de John B. Watson que, aunque a menudo eclipsada por otros escritos y períodos de su carrera, ofrece perspectivas interesantes sobre el desarrollo del conductismo. La traducción de esta obra al español es una pieza valiosa para la comunidad hispanohablante, ya que da acceso a un texto que puede enriquecer la comprensión y el debate sobre la evolución del pensamiento conductista.

En este libro, los lectores encontrarán algunos de los últimos puntos de vista del autor, incluyendo su definición de conductismo, sus críticas al pensamiento eugenésico y sus teorías sobre la emoción, el pensamiento y la personalidad, todo ello cuidadosamente dispuesto para seducir al público lego de la época, pero sirviendo también como una valiosa introducción para los estudiosos in-

* Referido a quienes no pueden visualizar imágenes mentalmente, pese a presentar una percepción visual y memoria normales.

teresados en el conductismo watsoniano. Además, encontrará la expresión de algunos de los valores personales de Watson cuando critica la religión y el bolchevismo o cuando reproduce los prejuicios de género imperantes en la época.

Comprender el contexto biográfico es relevante para interpretar este libro. Al principio de su carrera, Watson fue reconocido principalmente por sus experimentos en psicología comparada, algunos de los cuales estaban más cerca del funcionalismo americano de su época que de su posterior conductismo. Tras trasladarse a la Universidad Johns Hopkins en 1908 y publicar *Psychology as the Behaviorist Views It* (Watson, 1913), comúnmente conocido como el *manifiesto conductista*, centra una parte considerable de su actividad a realizar estudios con humanos, que fueron la base de su propuesta para una nueva psicología. Sin embargo, tras abandonar tumultuosamente Johns Hopkins en 1920, Watson mantuvo pocos contactos con el mundo académico y se dedicó principalmente a su carrera publicitaria sin abandonar su afán de difundir *su* conductismo. En poco tiempo, pasó de publicar en revistas académicas de psicología a hacerlo en periódicos y revistas de amplia tirada concediendo charlas y entrevistas en la radio.

El cambio en la comunidad verbal con la que interactuaba le impactó significativamente. Su acerba retórica y su persistente desdén por toda la psicología anterior se acentuaron en su periodo post-académico. Sin nuevos datos experimentales, la expansión de sus tratados a una amplia gama de temas, desde la crianza de los hijos, el suicidio y la selección de personal, hasta el papel de la mujer en la sociedad, se presentó con escaso o nulo fundamento empírico. Mientras que la recepción pública de sus afirmaciones dio notoriedad a su conductismo, su recepción académica fue muy diferente. Este efecto queda plasmado en la opinión de Jastrow sobre tres de los libros más populares de Watson, entre ellos, *Los formas del conductismo*:

> El primer periodo de la carrera psicológica de Watson fue un periodo de contribución, no de presunción. Pero a partir de sus populares conferencias sobre su libro *Conductismo* y en medida creciente en los libros aquí citados, el tono estridente y publicitario de la afirmación irresponsable, en ocasiones impositiva y alardeante, anula las contribuciones científicas que yacen dispersas entre sus displicentes pronunciamientos (Jastrow, 1929, pág. 456).

Watson encontró resistencia incluso por parte de aquellos que valoraban su *manifiesto*. Tuvo muy pocos (si es que acaso tuvo alguno) seguidores estrictos en el mundo académico, y neoconductistas como Tolman, Hull, Skinner y muchos otros construyeron sus propias formas de conductismo intentando superar los problemas del conductismo watsoniano. Skinner, por ejemplo, era reacio a adoptar la etiqueta de conductismo para su teoría porque estaba "demasiado ligada a John B. Watson" (Skinner, 1979, pág. 331) y no la asumiría hasta 1945 (Skinner, 1945), cuando llamó a su teoría *conductismo radical*, utilizando ese título para diferenciar sus proposiciones de las de los conductismos watsoniano y metodológico.

También es importante señalar que Watson reeditaba con frecuencia sus textos en diferentes formatos y para diferentes públicos, a veces haciendo revisiones significativas cuando volvía a tratar un tema. Un lector atento de su obra notará cambios significativos incluso en aspectos bien conocidos de su conductismo, como el modelo explicativo del hábito. En este sentido, el aspecto central del aprendizaje pasó de la acción conjunta de la frecuencia y recencia del estímulo, a la coordinación del condicionamiento pavloviano. También evoluciona su noción de ambientalismo: de valorar los instintos a una postura más extrema en la que prácticamente niega la existencia de instintos en los humanos (véase el Capítulo 2). *Los formas del conductismo* es una recopilación de siete artículos que Watson publicó en *la revista Harper's Monthly Magazine* entre 1926 y 1928. Por lo tanto, es un buen ejemplo de la elaboración más tardía de estas posturas, y que llegaría a ser más conocida por el público académico y lego.

El año 1928, fecha de la publicación original de este libro por Harper & Brothers, fue uno de los más prolíficos de Watson tras abandonar la universidad y dedicarse a publicaciones de divulgación. Ese año publicó su famoso libro sobre educación infantil, *Cuidado psicológico del lactante y el niño* (Watson y Watson, 1928), además de una serie de artículos en periódicos y revistas populares seguidos de frecuentes participaciones radiofónicas. La prensa cubrió ampliamente sus conferencias y publicaciones, presentándole como una de las grandes figuras de la ciencia ante el público profano. Watson fue "uno de los portavoces más autorizados de la 'nueva' psicología de los años veinte" (Leys y Evans, 1990, pág. 51). Según su biógrafo, "el éxito editorial de Watson ante el gran público de masas le granjeó cierta notoriedad entre sus antiguos colegas y asociados. Sin embargo, fue, irónicamente, a través de sus habilidades como publicista como el conductismo logró su mayor impacto" (Buckley, 1989, pág. 148). En aquella época, Watson era el principal responsable de establecer la imagen pública del conductismo.

La ironía de que Watson fuera rechazado en el mundo académico, incluso dentro de los neoconductistas, mientras alcanzaba notoriedad entre un público más amplio, moldeando una imagen duradera del conductismo, da cierto contexto a una frecuente advertencia: debemos discriminar entre las formas disímiles de conductismo (pueden consultarse compilaciones de las diversas variantes del conductismo en Morris y Todd, 1999; Zilio y Carrara, 2021). Para hacerlo correctamente, primero es necesario comprender el conductismo clásico de Watson. *Las formas del conductismo* puede ser un excelente acompañante del *manifiesto conductista* en esta tarea.

En la introducción de *Sobre el conductismo*, Skinner dice que "los defectos de la explicación watsoniana son ahora...principalmente de interés histórico" (1974/1977, pág. 8). Esa valoración era probablemente tan cierta en los años setenta como ahora. Sin embargo, para comprender la pluralidad de los conductismos, incluidas sus versiones contemporáneas, primero debemos entender el conductismo clásico de Watson. Por lo tanto, ser de "interés histórico" no es un asunto menor. Debemos por tanto valorar la traducción de este libro al dar al mundo hispanohablante una oportunidad renovada y asequible de ahondar en las proposiciones más tardías de John B. Watson.

NOTAS EN TORNO A JOHN B. WATSON Y *LAS FORMAS DEL CONDCUTISMO*

Javier Virués Ortega
The University of Auckland

En 80 años no se ha editado un solo trabajo de Watson en español. El estudiante de psicología, o incluso el profesional o el estudiante avanzado de análisis de conducta no disponen de ninguna obra accesible en español sobre este influyente autor o, en general, sobre conductismo watsoniano. La reciente tendencia de los comités de certificación profesional a exigir contenido filosófico y conceptual (Behavior Analyst Certification Board, 2022) subraya nuevamente la necesidad de disponer de obras originales.

Hay que reconocer aquí el único proyecto editorial en esta dirección por el Dr. Emilio Mira (1896-1964) quien prologa en 1947, ya en el exilio, en formato compilado la edición revisada de *Conductismo* de 1930 junto con *La batalla del conductismo* publicada por Paidós. Algunas de las afirmaciones de Mira en la presentación del libro nos dan una escasa noticia de la introducción inicial, a principios de la década de los veinte del pasado siglo, de la obra watsoniana en el círculo intelectual de la Universidad de Barcelona:

> Hace más de 25 años dimos nuestro primer cursillo sobre conductismo en el Instituto de Fisiología que dirigía el Profesor Pi Suñer*, en Barcelona. De entonces acá han aparecido nuevas concepciones psicológicas y se han acumulado multitud de nuevos hechos en esta ciencia. Sin embargo, creemos poder mantener el mismo juicio con que entonces clausuramos nuestras lecciones: "la obra de Watson ... está destinada a ser imprescindible en cualquier biblioteca de los futuros cultores de la Psicología" (Mira, 1947, págs. 18-19).

El naturalismo científico de Watson y su interés en la psicología aplicada y la psicotecnia hubieron de ejercer sin duda alguna influencia sobre Mira. También por esos años, en 1921, vemos el raro articulito *La psicología de la conducta* de Domingo Barnés, un sevillano que llegaría a ser ministro de instrucción pública durante la Segunda República y miembro del patronato de la Universidad de Barcelona, aparecido en el mítico *Boletín de la Institución Libre de Enseñanza* (Barnés, 1921). El devenir de este incipiente, aunque palpable interés en Watson, vinculado tanto a la Universidad de Barcelona como a la Institución Libre de Enseñanza de Madrid (de la que Mira es también colaborador frecuente) quedaría truncado con la marcha de Barnés, Pi Suñer y Mira al exilio.

Hay, no obstante, una última reseña a añadir, si bien anecdótica, sobre Watson en el contexto hispano y esta es su visita, acompañado por Rosalie Rayner, a la ciudad de Madrid en 1929 o 1930**. De este hecho vemos a la derecha una rarísima imagen inédita que he recibido de Ben Harris (comunicación personal, 4 de septiembre de 2024) cuya gentileza agradezco. La imagen muestra el comedor número 1, llamado "parlante", del *Mesón del Segoviano* que estuviera en la calle Cava Baja***. Llaman poderosamente la atención las numerosas jarritas talaveranas que pueblan la mesa de los Watson donde se hubiera servido vino manchego, los decimonónicos velones, los turbadores frescos de Ortiz Alguacil... ¿Tuvo esta visita un trasunto intelectual? Posiblemente no. Watson tenía ya pocos contactos académicos. Además, creemos identificar a varios miembros de la camarilla fiestera de los Watson: su futuro yerno el publicista y pintor, Paul Hartley y la actriz de Broadway y amiga de Rosalie, Helen Menken, recientemente divorciada de Humphrey Bogart.

Salvo estas dispersas notas, podría decirse que la incidencia de Watson en sus contemporáneos en el mundo hispanohablante es esporádica hasta la irre-

* Augusto Pi Suñer (1879-1965) fue un fisiólogo español afiliado a la Universidad de Barcelona. Hizo varias contribuciones al estudio de la conducta refleja. Al igual que Mira, pasaría al exilio tras la Guerra Civil.

** Sabemos que Watson viajó en el *S.S. Olympic* en 1929 de regreso a Nueva York (Bettmann Collection, 1929). Otra testimonio sugiere que la foto es de 1930 (comunicación personal de Wallace Watson a Ben Harris compartida por este último con el autor).

*** El mesón, junto con los frescos de Alguacil, fue derribado en 1990. Estaba ubicado frente a la actual *Casa Lucio*. Agradezco la inestimable asistencia de Antonio Pasies Montfort y Carlos Osorio en la filiación de esta imagen.

John B. Watson (centro) y Rosalie Rayner (cuarta desde la izquierda) en el *Mesón del Segoviano* durante su visita a Madrid. El tercer y sexto peresonaje desde la derecha son posiblemnte el futuro yerno de Watson, Paul Hartley, y la actriz Helen Menken. Posan también Santiago González *el segoviano*, su hija Petra (ambos a la derecha) y su mujer Petra Piquero (a la izquierda). Los murales son de Arturo Ortiz Alguacil (foto cortesía de Ben Harris, documentación de Antonio Pasies Montfort y Carlos Osorio).

levancia. Por ello, esperamos que esta obra constituya una referencia para aquellos que quieren introducirse a los distintos *conductismos* bebiendo de fuentes originales y sin abandonar nuestra lengua.

Hay algunas advertencias que deben preceder la lectura de *Las formas del conductismo*. Algunas ya han sido presentadas por Todd y Strapasson en sus generosos ensayos a esta edición. Quizá la más obvia es que nos habla el Watson publicista y no el Watson académico. Al momento de publicarse su llamado *manifiesto,* Watson había amasado un indudable "caché" científico con numerosos trabajos empíricos en psicología animal y humana (Todd y Morris, 1986). Fue este prestigio el que hizo posible el eco alcanzado por su *manifiesto*, publicado hacía quince años. El Watson que nos interpela ahora es un hombre muy distinto. Ha sido expulsado del mundo académico por el sonado y público divorcio de su primera esposa, Mary Ickes, de familia con estrechas conexiones políticas. Además, Watson escribe en parte "por dinero" en una revista popular, el *Harper's Magazine*, en la que hace entregas periódicas de los artículos que compondrán *Las formas del conductismo*. Las circunstancias que rodearon la publicación de *Las formas del conductismo* las describe el propio Watson en su brevísima autobiografía:

> Desde 1922 en adelante, escribí artículos populares para *Harper's Magazine* ..., *McCall's Magazine*, *Liberty*, *Collier's*, y *Cosmopolitan*. Me pagaron por ello; me pagaron generosamente. Había aprendido a escribir para que el público me leyera y, dado que ya no disponía de la oportunidad de publicar en revistas técnicas, no vi razón alguna para dejar de dirigirme al público con mis cosas. Pese a ello, estos artículos han recibido una crítica mucho mayor que la ofensa. Nada menos que el presidente Angell* de Yale hace unos años [me denostaba] en su discurso de inauguración del curso académico en Dartmouth, dejándome, más que con amargura, con una señalada tristeza. Me pregunto si él o algunos de mis [antiguos] colegas enfrentados a una situación similar no se hubieran vendido al público también (Watson, 1936, págs. 280-281).

No leeremos, por tanto, a un escritor cuidado, que apoye adecuadamente con fuentes originales y empíricas sus afirmaciones. Con la perspectiva del tiempo, ello puede tener ciertas ventajas. Watson habla con claridad, con frases breves y ejemplos vivaces. Queda en manos del lector aguzar el sentido crítico para la adecuada contextualización del discurso watsoniano como advierten Todd y Strapasson en estas líneas. Con esta intención van dirigidas las notas editoriales que salpican esta edición, a veces descifrando las referencias a la cultura *pop* de los veinte que habían de abundar en una narrativa dirigida al gran público, a veces aportando la fuente académica que se sugiere en elipsis, a veces, en los menos casos, moderando ciertas afirmaciones que el tiempo ha demostrado, no solo aventuradas, sino desventuradas.

Es este el caso de la mención que hace Watson a la deliberada privación afectiva en la crianza de los niños en aras de una supuesta independencia emocional que habría de hacer al adulto más adaptado, especialmente a su posterior vida marital. En el hogar de los Watson se refrenaban las muestras de natural afecto entre un niño y sus padres (Hannush, 1987; Hartley y Commore, 1988). Su hijo Jim Watson nos ha dejado un sentido testimonio del posible impacto de este estilo de crianza:

> La razón por la que comencé a acudir a terapia fue una depresión muy severa y un intento de suicidio. Admito que esto sucede a muchos que no han sido educados por conductistas, pero creo firmemente que la adhesión estricta a los principios establecidos en el conductismo, en particular tal como se defienden en algunos de los primeros libros de papá, tiende a erosionar el desarrollo fundamental del niño (entrevista a Jim Watson en Hannush, 1987, pág. 139).

Pero incluso esta crítica debe ser temperada por otras circunstancias vitales del autor. Watson nunca superará la muerte repentina de Rosalie (Harzem, 1995), convirtiéndose en un padre ausente. Estos hechos debieron marcar

* James Rowland Angell (1869-1949), que había sido el director de tesis de Watson, fue presidente de Yale University de 1921 a 1937.

trágicamente las vidas de su prole. Jim, Billy y Polly intentarán el suicidio, mientras *little John* fallecería acuciado por úlceras y cefaleas*.

La controversia parece acompañar a Watson hasta fechas muy recientes. Una de las más deliciosas y coloridas polémicas de los últimos años en la historiografía psicológica es el litigio en torno a la identificación de Albert B., el *pequeño Albert* de Watson y Rayner (1920). Lo que empezó con un animado debate entre estudiantes de psicología en las clases del profesor Hall Beck en *Appalachian State University*, no muy lejos de la localidad natal de Watson, se convertiría en una obsesiva pesquisa documental que se prolongaría siete años. Beck y sus estudiantes examinaron penosamente los archivos de *John Hopkins University*. Se conocía la edad de Albert B. y las fechas en las que participó en el estudio de Watson y Rayner. Con la participación de la Dra. Shaman Levinson, con la que Beck conecta en el *Congreso Europeo de Psicología* celebrado en Granada en 2005, continúan los esfuerzos. Finalmente, Douglas Merritte emerge como candidato más probable (Beck et al., 2009; Beck y Irons, 2011). No obstante, análisis posteriores de su historial ponen de manifiesto que, no solo Merritte tiene un bajísimo peso en el momento en que Watson está realizando sus estudios, contrastando con la fisonomía de Albert en las filmaciones del experimento, sino que además es ciego (Harris, 2020). No podía ser.

Esta identificación errónea por parte de Beck y sus coautores ha sido luego objeto de un interesante análisis sobre los sesgos en la investigación histórica en psicología (Digdon, 2020): el despiadado ciudadano Watson que somete a Albert a la horrísona barra de metal causándole una fobia de por vida; sin duda habrá mentido en la caracterización de participantes experimentales o alterado su nombre, más allá de los usos algo ingenuos de *anonimización* utilizados en la época (sobre la *leyenda negra* de Watson, véase Harzem, 1995). Ciertamente, el estudio de Watson y Rayner forma parte hasta el día de hoy de los anales de la infamia en lo que a prácticas éticas en investigación se refiere (Mead Jasperse y Kelly, 2023). Un equipo competidor, con Russell A. Powell a la cabeza, pone en cuestión los hallazgos de Beck e inician una investigación más exhaustiva. Sus hallazgos finalmente señalan a Albert Barger (1919-2007) como la identificación más probable del pequeño Albert (Powell et al., 2014).

La polémica Beck-Powell sobre la identificación de Albert B. nos recuerda que aún quedan innumerables tesoros por desvelar en la historia reciente del análisis de conducta y la psicología. Cuando estas "perlas" son descubiertas pasan al acervo histórico de una disciplina. Sin embargo, con demasiada frecuencia olvidamos este patrimonio. Pienso en el caso flagrante de la *Casa*

* Controversias recogidas en el reciente documental *The Watson Tapes* auspiciado por esta editorial.

Watson en torno a 1930 en *Whippoorwill Farm* (Weston, Connecticut) junto al granero que, según Brewer, el mismo construyó (crédito, Brewer, 2002, pág. 6).

Whippoorwill Farm en 2024, nótense la similitud en el marco y palillería de las ventanas, y alero y pendiente de la cubierta con respecto a la construcción de la foto anterior, ¿podría ser este el granero de Watson? Watson reside en Whippoorwill Farm entre 1931 y 1950 (foto gentileza de Samantha Fargione, *Weston History & Culture Center*).

Amarilla del Puerto de la Cruz en la que Wolfgang Köhler realizó sus famosos estudios con chimpancés (Teuber, 1994). Pese a haber sido designada *bien de interés cultural* hace casi veinte años (Gobierno de Canarias, 2005), cada año queda menos de la *Estación de Antropoides de Tenerife*. ¿Ha recibido Watson un trato más benigno que su coetáneo alemán? Al documentarme para preparar este ensayo, me sorprendió la ausencia de referencias, al menos en fuentes publicadas, relativas a la ubicación exacta y estado de conservación de *Whippoorwill Farm* (Weston, Connecticut) donde transcurren la mayoría de los años post-universitarios de Watson. *Afirmo modestamente aquí que la Whippoorwill Farm de Watson se encuentra hoy en 141 Godfrey Road East en Weston, Connecticut*[*]. Tal como sugieren las imágenes que acompañan a estas líneas, reunidas al preparar este trabajo, podrían estar aun en pie algunos de los edificios de la época en que Watson habitara la finca. Existe especial coincidencia, al menos estética, con un granero que Brewer (2002, pág. 6) identifica como construido por el propio Watson. ¿Recibirá *Whippoorwill Farm* algún tipo de protección o designación histórica? ¿Será olvidada al igual que la Casa Amarilla?

*

Cierro estos ensayos con una nota personal. En 2006, en un encuentro ahora tristemente irrepetible, Brian A. Iwata, a quien está dedicada esta edición, me hizo entrega de una copia del original de 1928 de *The Ways of Behaviorism*, traducido aquí como *Las formas del conductismo*[**]. El libro venía envuelto en una cubierta de papel dentro de una elegante caja negra a juego con el color y sobrio diseño de la cubierta. Este es el ejemplar del libro que hemos manejado al preparar esta edición. Con motivo del reciente fallecimiento de Iwata, la ocasión parecía adecuada para hacer este sencillo homenaje y dar de nuevo las gracias.

* Información obtenida con la colaboración con Samantha Fargione, directora ejecutiva de *Weston History & Culture Center*.

** Hago el inciso aquí de que traducir *The Ways of Behaviorism* como *Los caminos del conductismo*, que parecería obvio, sería incorrecto, ya que *ways* en este contexto hace referencia a formas, estilos, o maneras. Aunque ninguna de estas traducciones es del todo satisfactoria, creemos que *Las formas del conductismo* es quizá la mejor solución de compromiso.

Referencias

Angell, J. R. (1907). The province of functional psychology. *Psychological Review, 14*, 61–91. https://doi.org/10.1037/h0070817

Barnes, D. (1921). La psicología de la conducta. *Boletín de la Institución Libre de Enseñanza, 45*(733), 117-119

Beck, H. P., Levinson, S., y Irons, G. (2009). Finding Little Albert: A journey to John B. Watson's infant laboratory. *American Psychologist, 64*, 605–614. https://doi.org/10.1037/a0017234

Beck, H. P., y Irons, G. (2011, Mayo). Finding Little Albert. *The Psychologist, 24*, 392–395.

Behavior Analyst Certification Board. (2022). *BCBA/BCaBA Coursework Requirements Based on the BCBA/BCaBA Task List* (5ª ed.). Autor.

Bettmann Collection. (1929). *Psychologist John B. Watson on ship* [Photograph]. Getty Images. https://www.gettyimages.co.nz/detail/news-photo/dr-john-b-watson-noted-behaviorist-and-former-professor-of-news-photo/515163686?adppopup=true

Brewer, C. L. (2002). Furman's misbehaving behaviorist. *Furman Magazine, 45*(3), 2-8. https://scholarexchange.furman.edu/furman-magazine/vol45/iss3/4

Boakes, R. A. (1984). *From Darwin to behaviourism: Psychology and the minds of animals.* Cambridge University Press.

Boring, E. G. (1950). *A History of Experimental Psychology* (2ª ed.). Appleton-Century-Crofts.

Buckley, K. W. (1989). *Mechanical Man: John Broadus Watson and the Beginnings of Behaviorism*. Guilford Press.

Burnham, J. C. (1994). John B. Watson: Interviewee, professional figure, symbol. En J. T. Todd & E.K. Morris (Eds.), *Modern perspectives on John B. Watson and classical behaviorism* (págs. 65-73). Greenwood Press.

Calkins, M. W. (1913). Psychology and the behaviorist. *Psychological Bulletin, 10*, 288-291. https://doi.org/10.1037/h0066435

Digdon N. (2020). The Little Albert controversy: Intuition, confirmation bias, and logic. *History of Psychology, 23*(2), 122–131. https://doi.org/10.1037/hop0000055

Domanski, C. (2021). Was John B. Watson inspired by Anna Wyczółkowska and her studies in the mechanism of speech? *Organon, 53*, 5-27. https://doi.org/10.4467/00786500.ORG.21.001.14786

Fechner, G. T. (1860). *Elemente der Psychophysik.* Druck und Verlag.

Gobierno de Canarias (6 de mayo de 2005). Decreto 69/2005, de 26 de abril, por el que se declara Bien de Interés Cultural, con categoría de sitio histórico "La Casa Amarilla", en el término municipal de Puerto de la Cruz, isla de Tenerife y se delimita su entorno de protección. *Boletín Oficial de Canarias*, (88), 7969-7972. http://www.gobiernodecanarias.org/boc/2005/088/010.html

Goddard, H. H. (1912). *The Kallikak family: A study in the heredity of feeble mindedness.* MacMillan.

Gould, S. J. (1981). *The mismeasure of man*. Norton.

Hannush, M. J.. (1987). John B. Watson remembered: an interview with James B. Watson. *Journal of the History of the Behavioral Sciences, 23*(2), 137–152. https://doi.org/10.1002/1520-6696(198704)23:2<137::AID-JHBS2300230204>3.0.CO;2-Y

Harris, B. (2020). Journals, referees, and gatekeepers in the dispute over Little Albert, 2009–2014. *History of Psychology, 23*(2), 103–121. https://doi.org/10.1037/hop0000087

Hartley, M., y Commire, A. (1988). *Breaking the Silence.* G. P. Putnam's sons.

Harzem, P. (1995). Searching in ruins for truth: The life and works of John B. Watson—A review of *Modern Perspectives on John B. Watson and Classical Behaviorism. The Behavior Analyst, 18*(2), 377-384. https://doi.org/10.1007/BF03392727

Hilgard, E. R. (1987). *Psychology in America: A historical survey.* Harcourt Brace Jovanovich.

Jastrow, J. (1929). [Reviews of *The Ways of Behaviorism, Psychological Care of Infant and Child,* and *The Battle of Behaviorism*]. *Science, 69*(1791), 455-457. https://doir.org/ 10.1126/science.69.1791.455.b

Jastrow, J. (1935). *Wish and Wisdom: Episodes in the Vagaries of Belief.* D. Appleton-Century.

Keller, F. S. (1994). A debt acknowledged. En J. T. Todd y E. K. Morris (Eds.), *Modern Perspectives on John B. Watson and Classical Behaviorism* (págs. 125-130). Greenwood Press.

Leahey, T. H. (2002). The mythical revolutions of American psychology. En W. E. Pickren y D. A. Dewsbury (Eds.), *Evolving Perspectives on the History of Psychology* (págs. 191–216). American Psychological Association.

Leys, R., y Evans, R. B. (Eds.). (1990). *Defining American Psychology: The correspondence between Adolf Meyer and Edward Bradford Titchener.* The Johns Hopkins University Press.

Lowry, S. M. (1927). *Time and motion study and formulas for wage incentives.* McGraw-Hill.

Mead Jasperse, S. C., y Kelly, M. P. (2023). Contextualizing contemporary research ethics policies and practices in significant historical events. *Behavior Analysis in Practice.* https://doi.org/10.1007/s40617-023-00865-2

Mira, E. (1945). Prólogo. En *Conductismo* y *La batalla del Conductismo* (págs. 15-19). Paidos.

Morris, E. K., y Todd, J. T. (1999). Watsonian Behaviorism. En W. O'Donohue y R. F. Kitchener (Eds.), *Handbook of Behaviorism* (págs. 15–69). Academic Press. https://doi.org/10.1016/B978-012524190-8/50003-6

Pfungst, O. (1911). *Clever Hans (The Horse of Mr. von Osten): A Contribution to Experimental Animal and Human Psychology* (C. L. Rahn, Trans.). Henry Holt.

Pierce, C. S. y Jastrow, J. (1884). On small differences in sensation. *Memoirs of the National Academy of Sciences, 3,* 73-83.

Powell, R. A., Digdon, N., Harris, B., & Smithson, C. (2014). Correcting the record on Watson, Rayner, and Little Albert: Albert Barger as "Psychology's lost boy". *American Psychologist, 69*(6), 600–611. https://doi.org/10.1037/a0036854

Samelson, F. (1981). Struggle for scientific authority: The reception of Watson's behaviorism, 1913-1920. *Journal of the History of the Behavioral Sciences, 17,* 399-342. https://doi.org/10.1002/1520-6696(198107)17:3<399::AID-JHBS2300170310>3.0.CO;2-2

Samelson, F. (1994). John B. Watson in 1913: Rhetoric and Practice. En J. T. Todd y E. K. Morris (Eds.), *Modern perspectives on John B. Watson and classical behaviorism* (págs. 3-18). Greenwood Press.

Schneider, S. M., y Morris, E. K. (1987). A history of the term radical behaviorism: From Watson to Skinner. *The Behavior Analyst, 10*(1), 27–39. https://doi.org/ 10.1007/BF03392404

Skinner, B. F. (1945). The operational analysis of psychological terms. *Psychological Review, 52,* 270-77, 291-94. https://doi.org/10.1037/h0062535

Skinner, B. F. (1969). *Contingencies of reinforcement: A theoretical analysis.* Prentice-Hall.

Skinner, B. F. (1975). *Registro acumulativo.* Fontanella. (Original de 1959)

Skinner, B. F. (1977). *Sobre el conductismo.* Barcelona. (Original de 1974)

Skinner, B. F. (1979). *The Shaping of a Behaviorist.* Alfred A. Knopf.

Skinner, B. F. (1979). *What John B. Watson meant to me* [Audio CD]. Furman University. Recorded at Furman University, Greenville, SC, April 6, 1979. (James Broadus Watson Symposium).

Spitz, H. H. (1997). *Nonconscious movements: From mystical messages to facilitated communication*. Lawrence Erlbaum Associates.

Teuber, M. L. (1994). The founding of the Primate Station, Tenerife, Canary Islands. *The American Journal of Psychology, 107*(4), 551-581. https://doi.org/10.2307/1423000

Titchener, E. B. (1914). On "psychology as the behaviorist views it." *Proceedings of the American Philosophical Society, 53*, 1-17.

Titchener, E. B. (1928). *A textbook of psychology*. McMillan.

Todd, J., y Morris, E. (1986). The early research of John B. Watson: Before the behavioral revolution. *The Behavior Analyst, 9*(1), 71-88. https://doi.org/10.1007/BF03391931

Tolman, E. C. (1932). *Purposive behavior in animals and men*. Century.

Watson, J. B. (1913a). Image and affection in behavior. *Journal of Philosophy, Psychology & Scientific Methods, 10*(16), 421–428. https://doi.org/10.2307/2012899

Watson, J. B. (1913b). Psychology as the behaviorist views it. *Psychological Review, 20*, 158-177. https://doi.org/10.1037/h0074428

Watson, J. B. (1914). *Behavior: An introduction to comparative psychology*. H. Holt.

Watson, J. B. (1919). *Psychology from the standpoint of a behaviorist*. Lippincott.

Watson, J. B. (1924a). *Conductismo*. People's Institute.

Watson, J. B. (1924b). *Psychology from the standpoint of a behaviorist* (2ª ed.). Lippincott.

Watson, J. B. (1928). *The ways of behaviorism*. Harper & Brothers.

Watson, J. B. (1936). John Broadus Watson (C. Murchison, Ed.). En C. Murchison (Ed.), *A History of Psychology in Autobiography* Vol. 3, págs. 271–281). Clark University Press. https://doi.org/10.1037/11247-012

Watson, J. B. (1947). *Conductismo* (edición revisada). Paidós. (Original de 1930)

Watson, J. B., y Rayner, R. (1920). Conditioned emotional reactions. *Journal of Experimental Psychology, 3*(1), 1–14. https://doi.org/10.1037/h0069608

Watson, J. B., y Morgan, J. J. B. (1917). Emotional reactions and psychological experimentation. *American Journal of Psychology, 28*, 163-174. https://doi.org/10.2307/1413718

Wyczółkowska, A. (1913). Theoretical and experimental studies in the mechanism of speech. *Psychological Review, 20*, 448-58. https://doi.org/10.1037/h0076098

Zeman, A, Dewar, M., & Della Sala, S. (2015). Lives without imagery: Congenital aphantasia. *Cortex, 73*, 378-380. https://doi.org/10.1016/j.cortex.2015.05.019

Zilio, D., y Carrara, K. (Eds.). (2021). *Contemporary Behaviorisms in Debate*. Springer International Publishing. https://doi.org/10.1007/978-3-030-77395-3

Introducción

En el año 1912 el "conductismo" era sólo una palabra algo malsonante. El grupo que comprendía sus principios y se inclinaba por él era escaso.

¿Demostrarían los años siguientes que el conductismo constituía un avance genuinamente nuevo y sólido en psicología o era simplemente otro *ismo*? Los psicólogos de la vieja escuela formados con Wundt predijeron alegremente que no era más que una revuelta y que, como la mayoría de ellas, podría ser sofocada con facilidad.

Pero el conductismo no fue una revuelta ni una protesta. Era un nuevo enfoque con el que volver a mirar las cuestiones más importantes del ser humano; un enfoque objetivo.

Y, ¿cuáles son las cuestiones más importantes del ser humano? Al responder, dejemos de lado todas las especulaciones sobre el origen del hombre, el alma, o la vida después de la muerte.

¿No es lo más importante aquello que hace; cómo se comporta? ¿Cómo trabaja; cómo juega? ¿Qué hace cuando está enfadado, asustado, o enamorado? ¿Es perezoso, desaliñado, poco fiable, zafio, grosero con sus inferiores, arisco con el grupo que está por encima de él? ¿Y no llegamos, a medida que le estudiamos, al punto de poder predecir casi con seguridad cómo va a actuar cuando se encuentre en esta o aquella situación? De hecho, cuando le conocemos, ¿acaso no podríamos estructurar el entorno para que actúe de determinadas maneras? Por ejemplo, la lisonja puede hacer que el halagado se hinche y acicale las plumas y acepte un proyecto que hasta entonces se había negado rotundamente a considerar.

El conductismo es el estudio científico de la conducta humana. Su verdadero objetivo es proporcionar la base para la predicción y el control de esta. *Dada la situación, decir qué hará el individuo; dada la acción, poder afirmar su causa.*

Es una ciencia basada en principios muy sencillos, en el sentido común y no en especulaciones. ¿Cómo es la conducta del hombre no sujeto a instrucción? Para responder, vamos a la guardería y estudiamos las reacciones del bebé, donde observamos el desarrollo de patrones de reacción. ¿Su conducta es heredada o aprendida, y en qué grado es heredada y en qué grado aprendida? Vayamos al laboratorio y lo averiguaremos. ¿Por qué se casan los hombres y las mujeres, por qué se divorcian, qué efecto ha tenido la prohibición del alcohol en la conducta humana?, ¿y el sufragio femenino? Estudiemos el problema observando a los seres humanos como estudiaríamos el efecto de la luz sobre el crecimiento de una planta.

Planteando nuestro objetivo en un lenguaje ligeramente más técnico, podemos decir que el trabajo de un conductista es: dado el estímulo, predecir la respuesta; dada la respuesta, predecir el estímulo. Un golpe en el tendón rotuliano (estímulo) evoca la sacudida de la rodilla (respuesta). Estimular la lengua con vinagre (estímulo) hace que las glándulas salivales viertan sus secreciones (respuesta). Estas son reacciones vitales reducidas a sus términos más simples. Pero, según el conductismo, los actos más complejos de la vida no son más que combinaciones de estos sencillos patrones conductuales estímulo-respuesta. Incluso el pensamiento, la memoria o la personalidad no son sino integraciones fácilmente asequibles de conductas estímulo-respuesta.

Así, el conductismo deja de lado las especulaciones. No encontrará en él ninguna referencia a lo intangible; las desconocidas e incognoscibles "entidades psíquicas". El conductista no tiene nada que decir de la "conciencia". ¿Cómo podría? El conductismo es una ciencia natural. No ha visto, ni olido, ni saboreado la conciencia, ni la ha encontrado participando en reacción humana alguna. ¿Cómo puede hablar de ella hasta haberla encontrado en su camino? Su estilo, su método es construir una psicología sin ella. Hace lo mismo con las subdivisiones de la conciencia, tales como sensaciones, percepciones, afectos, voluntad, y otras semejantes. En el conductismo, no se encuentra ninguno de estos trasnochados, grandilocuentes y especulativos artificios sobre los que se han escrito tan infructuosamente millones de páginas.

Debido a su simplicidad y a su carácter práctico, el conductismo ha progresado rápidamente. Ahora se enseña en las universidades y el propio público reclama algún conocimiento de este.

El presente libro está dirigido al público. Sin embargo, no hace ningún esfuerzo por ser "popular". Creo que un experimentador llega a pensar con más claridad y en palabras más sencillas a medida que comprende más sobre su propio trabajo y sobre la vida. Este libro, del que gran parte ha aparecido en *Harper's Magazine*, debe considerarse como el mejor intento del autor por dejar clara su propia posición, tanto para sí mismo como para los demás.

John B. Watson

Malba, Long Island, Nueva York

1

¿Qué es el conductismo?

Hace unos años, en psicología, sólo oíamos hablar de Freud y de su método, el psicoanálisis. Con este método sus fieles seguidores nos aseguraban que podían resolver todos los problemas psicológicos. Hoy en día, cualquier dependienta le hablará de sus sueños y complejos, el psicoanálisis ha dejado de ser un tema de interés en las conversaciones de salón, no porque a nadie le escandalice especialmente la discusión, sino más bien porque su novedad ha languidecido. Lo mismo ocurre con todos los nuevos movimientos en el ámbito científico. Posiblemente había muy poca ciencia (verdadera ciencia) en la psicología de Freud y, por lo tanto, sólo mantuvo su valor noticioso durante un lapso relativamente breve.

En este momento, hay un nuevo contendiente psicológico que reclama el interés del público. Durante los últimos diez años, ha sido desgranado en círculos universitarios; ahora, los periódicos empiezan a alimentar con él a las masas, pero todavía en dosis irregulares.

Este contendiente es el conductismo.

El conductismo se ha establecido como área de estudio independiente en las grandes universidades desde aproximadamente 1912. Representa lo que debe considerarse un verdadero renacimiento de la psicología. Hasta entonces, la llamada psicología subjetiva, o introspectiva, dominaba por completo. La psicología subjetiva se definía como el estudio de la mente, en realidad, de la propia mente, ya que nadie más que el propio introspeccionista podía asomarse a ella y ver lo que allí ocurría. Y cuando miraba, ¿qué veía? Puesto que el introspeccionista estaba formado en el sistema y en la lengua vernácula de James, Angell, Ladd y Wundt, decía ver la conciencia. Y luego trató de analizar esta conciencia. ¿Qué era? Pues hay que describirla enumerando las unidades que la componen. La conciencia se compone de unidades de sensación como el enrojecimiento, el verdor; sensaciones de tono, olor, temperatura y similares; y de unidades de tono de *sensación* denominadas "agradables" o "desagradables".

Ahora bien, cuando un número suficiente de estas unidades de sensación están presentes simultáneamente y van acompañadas de uno u otro de los dos tonos de sensación mencionados, se tiene lo que se denomina una *percepción*; por ejemplo, la percepción de una naranja o de una manzana.

La cuestión de la conciencia y de lo que la constituye se complicó aún más cuando insistieron en que cuando las percepciones estaban ausentes, es decir, cuando no teníamos objetos delante, la conciencia estaba formada por representantes de objetos llamados *imágenes*.

Todos los datos de este tipo de psicología eran, pues, subjetivos. El único método para estudiar estos datos era la introspección: mirar dentro de la propia mente. De ahí que llamemos a este tipo de psicólogos, psicólogos subjetivos o psicólogos introspectivos. La verificación de los hallazgos, ciertamente el primer objetivo de toda verdadera ciencia, queda así negado para siempre al estudiante introspectivo.

Este era el análisis consagrado de la mente. Estaba tan profundamente arraigado que constituía la Biblia, la filosofía misma de la psicología. Seguramente nadie podría ser lo bastante osado o temerario como para cuestionar que existe algo como la mente o que está formada por unidades conscientes.

Y, sin embargo, esto es justo lo que hicieron los conductistas.

En una pertinaz crítica tras otra, el conductista ha desechado los conceptos tanto de mente como de conciencia, calificándolos de remanentes de un dogma eclesiástico y medieval. Ante los introspeccionistas, el conductista afirma que la conciencia no es sino el trasunto cientifista del alma.

El reto del conductismo a la psicología introspectiva se plantea en estos términos: "Usted dice que la conciencia existe, demuéstrelo. Usted dice que tiene sensaciones, percepciones e imágenes; demuéstrelo. Demuéstrelo como las otras ciencias demuestran sus hechos".

Naturalmente, no pudieron hacer frente a este desafío. El único argumento abierto al introspeccionista era el utilizado por todos los exhortadores consagrados desde que comenzó la historia, el *argumentum ad hominem*, "¡no hay conciencia, no hay mente! Puede que el conductista no tenga conciencia, ni mente, pero usted y yo sí".

Si el estudio de la mente (el análisis de la conciencia) no es de lo que trata la psicología, ¿cuál es entonces su campo y cuál su objetivo?

El punto de vista conductista no es sino la articulación del sentido común. El conductismo es el estudio de lo que hace la gente. *¿Qué está haciendo este hombre ahora? Cualquier respuesta a esa pregunta hecha por un observador entrenado será entonces un hecho o suceso psicológico.* Tras observar la conducta de la gente el tiempo suficiente, el conductista empieza a decir: "este hombre o aquella mujer hará tal y tal cosa en tales y tales condiciones". Tomemos un caso sencillo. John Smith correrá cada vez que vea una serpiente. Todas las mujeres en una habitación cerrada gritarán, se subirán a una silla o se ceñirán las faldas si se liberan diez ratas salvajes dentro de la estancia. Hemos empezado a hacer predicciones sobre sucesos psicológicos, el primer paso de cualquier ciencia.

Toda ciencia empieza así. Observa de forma más o menos acertada los sucesos que ocurren a su alrededor. Después llega al punto en el que puede hacer predicciones, por ejemplo, el sol saldrá mañana, habrá un eclipse total de sol visible desde Nueva York en 2024*, el cometa Halley volverá a verse en 1986.

La siguiente etapa en cualquier ciencia es conseguir el "control" de sus sucesos. La astronomía nunca puede conseguir el control en este mismo sentido. No puede producir eclipses ni evitarlos (incluso en esto posiblemente no debamos ser dogmáticos). En cambio, la química está consiguiendo este grado de control y también la biología. ¿Puede la psicología alcanzar el control de su objeto de estudio? ¿Puedo hacer que alguien que no tiene miedo a las serpientes, lo adquiera? Y, en tal caso, ¿cómo? ¿Puedo tomar a alguien que tiene miedo a las serpientes y liberarle de ese miedo? ¿Cómo?

En otras palabras, el punto de partida del conductismo es como el de cualquier otra ciencia. Vista de este modo, la antigua psicología subjetiva nunca tuvo derecho a llamarse ciencia. Para ser una ciencia, la psicología debe utilizar el mismo material que utilizan todas las demás ciencias. Sus hechos deben poder ser verificados por otros investigadores. Sus métodos deben ser los métodos de la ciencia en general.

II

¿Cuáles son los fenómenos o sucesos de la psicología humana que estudia el conductista? Limita su campo al estudio del hombre. Hace que el campo sea aún más circunscrito. No intentará estudiar la constitución físico-química del hombre. Estudiará sólo una cosa: lo que el hombre hace. La observación demuestra que siempre está haciendo algo: siempre se está comportando. Se está comportando incluso cuando duerme, cuando está en coma, o cuando permanece sentado inmóvil mirando al fuego.

Supongamos que soy un científico extraterrestre recién llegado de algún planeta lejano. No sé nada de los seres humanos tal y como existen en la Tierra. Supongamos, además, que estoy en un globo situado tan por encima del centro de Nueva York que puedo ver toda la ciudad y sus zonas aledañas. A las ocho y media de la mañana veo a millones de personas precipitándose hacia la ciudad en trenes, automóviles, metros y ferris. Los movimientos son rápidos, confusos.

* *N. del E.:* ciertamente hubo un eclipse total de sol visible desde Nueva York el 8 de abril de 2024.

No parece haber más sistema en estos movimientos que en los movimientos apresurados y escurridizos de las hormigas cuando su nido ha sido perturbado. Usando mi visión y ayudándome de instrumentos especiales, sigo a grupos de estos individuos. Observo que entran en grandes edificios de oficinas, grandes almacenes, restaurantes. Algunas empiezan a atender a los clientes, otras a trabajar en máquinas de escribir, otras a cortar y ajustar ropa y otras a coser en máquinas eléctricas. Al final llego a la conclusión de que la gente *va a trabajar*. Piense en el volumen que podría llevarme a Marte sobre la conducta de los neoyorquinos si desde alguna posición central pudiera observar toda su conducta en un periodo de veinticuatro horas, o durante unas semanas o meses.

En general no estamos acostumbrados a pensar en la acumulación de hechos simples de este tipo como datos de la psicología. Hemos crecido con estas observaciones. Forman parte de nuestra vida cotidiana.

Sin embargo, si va a un país extranjero es justo este tipo de observaciones las que le permitirán desenvolverse en este nuevo entorno. Desde este punto de vista, podría decirse que todo el mundo tiene algo de psicólogo.

Imaginemos que los habitantes de Marte, tras leer mi primer informe general, deciden enviarme de nuevo para que estudie rasgos específicos de la conducta humana. ¿Cómo son sus sistemas escolares y religiosos? ¿Cómo es su conducta social; sus modales, costumbres y ética? ¿Cómo es su vida sexual a lo largo del ciclo vital? ¿Su vida en el hogar? ¿Qué leen? ¿Van al teatro? ¿Qué tipo de obras ven? ¿Qué papel desempeña el cine en sus vidas?

De estos estudios me llevo a Marte una enorme cantidad de información especializada sobre los hábitos y costumbres de los neoyorquinos. Esto también sería psicología conductista.

Tras repasar mis datos e inferencias, mis colegas marcianos deciden que necesitan aún más datos especializados. Me dicen que vuelva, seleccione a un individuo y que les traiga un informe completo de su conducta. Sólo puedo llevar a cabo estos estudios vinculándome a algún individuo, digamos John Smith. Observándole atentamente día tras día averiguo su ocupación. Es albañil. Puede poner dos mil ladrillos al día cuando lo da todo, como, por ejemplo, cuando construye su propia casa o cuando trabaja por encargo. Sin embargo, en la mayoría de los trabajos no se le permite trabajar una jornada completa. Debe trabajar sólo un cierto número de horas cada día. Tiene que afiliarse a una organización sindical y, como miembro de un sindicato y bajo las condiciones de este, rara vez coloca más de ochocientos ladrillos al día. Por ello recibe una cierta suma fija. Descubro que este hombre está casado, que tiene una pequeña casa en los suburbios, un coche Ford comprado a plazos y una radio comprada con el mismo plan. Descubro que bebe mucho, que maltrata a su mujer y a sus hijos, que pasa una parte considerable de su tiempo en un salón de billar, que es dado a los ataques de mal genio, que es malhumorado y huraño con sus compañeros, que no es cuidadoso a la hora de cumplir con sus obligaciones económicas. Sólo utiliza mil quinientas palabras inglesas, prácticamente nunca escribe una carta y sólo lee prensa sensacionalista. Puede que desee hacer un estudio aún más circunscrito de su conducta, así que le invito a mi laboratorio y estudio la rapidez con la que puede formar nuevos hábitos. Nunca ha aprendido a manejar el torno de una máquina. ¿Con qué rapidez puede aprender a hacerlo? No sabe nada de francés. ¿En cuánto tiempo podría enseñarle a hablar medianamente bien la lengua francesa? No tiene un sistema de hábitos personales inmaculados. ¿En cuánto tiempo podría enseñárselos? ¿Y qué métodos tendría que utilizar para enseñarle a adoptar estas nuevas conductas?

Todos los negocios, así como toda la vida social, se basan en este tipo de observaciones, y son observaciones psicológicas, aunque no especialmente articuladas.

Una vez más, reúno mis datos y se los muestro a mis colegas. Tras digerirlos, deciden que la conducta humana adulta es demasiado complicada de entender sin conocer algo del periodo de la infancia y la niñez del individuo. No entendemos por qué un hombre es albañil, otro artista, otro jugador. No podemos entender por qué algunas personas son despreocupadas y sobrias, se adaptan a la vida conyugal, mientras otras no. No podemos entender por qué algunos nunca salen de casa, nunca se casan y nunca se relacionan con el sexo opuesto. Tendremos que investigar el comportamiento temprano del ser humano y comprobar si ello arroja luz sobre el comportamiento posterior. ¿Obedece esta diversidad a diferencias conductuales innatas, a diferencias instintivas, o simplemente a diferencias en su aprendizaje temprano?

De nuevo poso los pies en la tierra, pero esta vez comienzo mis observaciones sobre los recién nacidos. Observo cuidadosamente su comportamiento al nacer, compruebo qué nuevas formas de comportamiento no aprendido aparecen a intervalos definidos tras el nacimiento. Estudio también cómo puede comenzar la formación temprana de hábitos en estos bebés y observo los diversos factores que hacen que se formen nuevos hábitos. En otras palabras, empiezo a desentrañar con mis observaciones qué parte del comportamiento del ser humano es heredada y qué parte es aprendida. Esto también es psicología.

Observará que en toda esta descripción partimos de observaciones generales de personas para las que no son necesarios laboratorios ni instrumentos especiales de estudio y que terminamos con el recién nacido en el laboratorio, utilizando todos los instrumentos para el estudio de nuestros fenómenos que se han ideado hasta el momento. En otras palabras, el conductismo rompe la distinción entre fenómenos subjetivos y objetivos. Todos los fenómenos relacionados con los seres humanos son objetivos, ¡incluso lo que llamamos "memoria" y "pensamiento"! De nuevo, usted ha tenido la costumbre de llamar a estos estudios más generales psicología social o sociología, y a los estudios más restringidos en los que interviene el laboratorio, psicología propiamente dicha o psicología experimental. El conductista no cree en estas caducas distinciones. *Todo es psicología.* Junto con la ruptura de estas distinciones llega una nota amenazadora para toda la filosofía. Con el enfoque conductista en auge, es difícil encontrar un lugar para lo que se ha llamado filosofía. La filosofía está desapareciendo, prácticamente ha desaparecido, y a menos que surjan nuevas cuestiones que den fundamento a una nueva filosofía, el mundo ya ha visto a su último gran filósofo.

Hasta ahora hemos tenido que tomar nuestros hechos psicológicos tal y como los encontramos. ¿Hemos llegado realmente tan lejos como para poder predecir algo de importancia sobre los individuos? El sentido común, más que la psicología científica, ha avanzado un cierto trecho en la predicción: no se puede vivir socialmente sin hacer predicciones sobre la conducta de los demás. Se sabe de antemano lo que van a decir y hacer. Por eso la mayoría de la gente es tan insulsa. Si disparo un revólver detrás de diez individuos cualesquiera que estén sentados tranquilamente en una habitación, puedo predecir sin temor a equivocarme que al menos nueve de cada diez de estos individuos saltarán, gritarán, cambiarán el ritmo de la respiración y de los latidos del corazón. Si lanzo a cien individuos desnudos que nunca aprendieron a nadar a una masa de agua de quinientos metros de diámetro, todos se ahogarán a menos que alguien acuda en su ayuda. Si reflexiona un momento sobre el problema, verá que la mayoría de nuestras instituciones, bancos, iglesias, grandes empresas, o la propia institución del matrimonio, se basan en la suposición fundamental de que la conducta humana en general es predecible. Basta con susurrar una palabra sobre un hallazgo de oro y se puede predecir con seguridad una estampida. Basta con susurrar una palabra de escándalo sobre una mujer situada en una posición social alta, y todas las lenguas de su entorno se estremecerán. Si desea hacer que un hombre se acicale, deje que alguna mujer se fije en él cuando ningún conocido que pudiera censurarle esté cerca. Para hacer que un hombre hinche el pecho, elógielo y haláguelo. Para hacer que una mujer se vista con sumo cuidado, dígale que su rival estará presente en una función determinada.

Este nivel de previsibilidad se ha alcanzado por la lenta acumulación de datos psicológicos a lo largo de todas las épocas, más que por la iniciativa de psicólogos académicos. El investigador entrenado debe ahora intervenir para decirnos con más precisión lo que este individuo seguramente hará en presencia de las situaciones vitales a las que debe enfrentarse; ¿trabajará, mentirá, robará, o cederá al estrés?

¿Qué hay del *control* de los fenómenos psicológicos? ¿Se puede hacer que un individuo muestre un comportamiento determinado mediante algún tipo de técnica psicológica, del mismo modo que el químico puede hacer que aparezca agua juntando hidrógeno y oxígeno bajo determinadas condiciones?

Actualmente no podemos llegar muy lejos en esta dirección. Pero el conductismo acaba de nacer. Hasta hace unos treinta años, la propia biología se situaba en un nivel puramente descriptivo. Darwin, en la década de 1850, era un gran observador de hechos. Sobre la base de sus observaciones, construyó su teoría de la *evolución*. Nunca necesitó alejarse de sus observaciones fundamentales. Hoy existe una biología experimental que aspira a controlar el proceso evolutivo manipulando el entorno químico y físico de plantas y animales. Intenta cambiar y modificar las especies, controlar su crecimiento y, en general, alterar el curso de la herencia.

La psicología sigue estando en gran medida en un nivel descriptivo. El control de los fenómenos psicológicos se encuentra en un estado más rezagado que en el caso de otras ciencias, en parte porque se trata de una ciencia más reciente, pero sobre todo porque la psicología ha perdido el tiempo intentando inútilmente estudiar la mente en lugar de la conducta.

Hemos no obstante iniciado un nuevo camino. He aquí un grupo de polillas tranquilas bajo una luz tenue. Supongamos que decido suscitar un comportamiento para hacerlas volar hacia el lado derecho de la habitación. ¿Cómo puedo controlar ese comportamiento? Enciendo una vela y la coloco en la posición exacta de la habitación a la que quiero que vuelen las polillas. En poco tiempo las polillas se activan y vuelan hacia la fuente de luz. Los conductistas pueden haber tardado días, semanas o meses en descubrir esta forma de controlar a los insectos. Una vez descubierta, pasa a formar parte de la técnica de *todo* investigador. La *respuesta* (acto, suceso) es volar hacia la fuente de luz; el estímulo es la vela encendida. En esta simple observación tiene usted una parte de la mecánica de la psicología conductista tipificada en su forma más elemental: no hay respuesta sin estímulo. Todo estímulo relevante debe producir alguna respuesta inmediatamente.

No importa cuántos miles de reacciones sea capaz de realizar un ser humano o un animal, siempre hay algún estímulo u objeto en el entorno que despertará en él cada una de estas reacciones. Nuestra búsqueda en el laboratorio en la actualidad va en esta dirección, para conocer mejor los estímulos que provocan reacciones.

Con estos datos en la mano, es una cuestión bastante sencilla entonces organizar el entorno, es decir, presentar el conjunto necesario de estímulos, para conseguir que la persona o el animal realicen cualquier acto de su repertorio. Vayamos al ámbito humano. Deseo hacer que un niño de setenta días parpadee. ¿Qué estímulo debo aplicar? Puedo tocar su globo ocular y producir el parpadeo; puedo soplar y producir el parpadeo; puedo pasar una sombra rápidamente sobre el ojo y producir el parpadeo. En otras palabras, hay tres estímulos que provocarán esta reacción. Supongamos que deseo hacer llorar a un bebé. Supondremos que el bebé aún no ha adquirido ningún hábito, no ha aprendido nada. Puedo pellizcarle o recurrir a cualquier otro estímulo doloroso para producir el llanto. Supongamos que deseo hacer sonreír a un bebé de veinte días. Descubro que la única manera es tocarle suavemente los labios, con una pluma, por ejemplo, acariciarle suavemente la piel, sobre todo en ciertas zonas sensibles.

El problema no siempre es tan sencillo. Muchos objetos no servirán al principio como estímulos para suscitar una forma particular de reacción. Algunos, de hecho, no producirán inicialmente ninguna reacción observable. Primero hay que *condicionar* al individuo a estos estímulos. El entorno realiza el condicionamiento. El proceso es bastante sencillo. Por ejemplo, la primera visión de un palo no hará que un joven lo esquive cuando lo vea. Debe ser golpeado (estímulo fundamental) antes de que lo esquive asiduamente. Si recibe un golpe brusco en la cabeza cada vez que ve el palo, pronto lo esquivará en el instante en que lo vea (estímulo condicionado). Se habrá establecido una *respuesta visual condicionada*. No se trata de una "asociación de ideas" porque podemos establecer respuestas condicionadas similares en glándulas sobre las que no tenemos "control". Podemos establecerlas incluso en el recién nacido; podemos establecerlas en animales, incluso en modestos organismos unicelulares*.

A lo largo de la vida, los objetos *neutros* (es decir, que no son estímulos para determinadas respuestas) están constantemente tomando prestada un cierto grado de impulso (convirtiéndose en estímulos condicionados) porque casualmente están presentes cuando algún estímulo fundamental está llamando a una reacción del organismo. Esta es la razón por la que cualquier objeto del mundo, asumiendo una determinada historia, puede despertar una reacción de miedo. Por eso se puede hacer que cualquier objeto o persona del mundo suscite una respuesta de amor, incluso una persona poco agraciada podría evocar dicha respuesta en otra joven y apuesta.

Para controlar al individuo entonces, es decir, hacer que se comporte como la sociedad especifica, le confrontaremos con los estímulos apropiados, debemos tener un conocimiento considerable no sólo sobre los estímulos innatos fundamentales, sino también sobre los que han sido *condicionados*. Para obtener este conocimiento, debemos ir al laboratorio y estudiar al individuo humano desde la infancia.

* *N. del E.:* Esta referencia, algo enigmática, al aprendizaje asociativo en organismos unicelulares es efectivamente cierta, aunque no ha fue verificada experimentalmente hasta mucho después (ver, p.ej., Carrasco-Pujante et al., 2021).

Esta descripción sirve para situar algunos de nuestros problemas elementales pero basales. Una vez resueltos estos problemas, con el desarrollo de nuestra ciencia podremos convertir a cualquier hombre, desde su nacimiento, en cualquier tipo de ser social o a-social por encargo. Por otra parte, esperamos alcanzar algún día tal competencia que podamos tomar al peor fracaso social adulto (siempre que sea biológicamente sano), desmontarlo, psicológicamente hablando, y darle un nuevo conjunto de actividades.

¿Es este objetivo demasiado ambicioso, totalmente irrealizable? Ciertamente, en los adultos el objetivo está aún muy, muy lejos. Sin embargo, no hemos perdido la esperanza. La dificultad de trabajar con el adulto sobre una base conductista es probablemente la razón por la que el conductista ha proseguido sus estudios sobre bebés y niños pequeños con tanta asiduidad. Allí las condiciones son más sencillas.

Cientos de bebés han estado bajo la observación del conductista, pero desgraciadamente no durante el tiempo suficiente para revelar muchos de los hechos necesarios. Sin embargo, de estos estudios ha surgido un rico material que, en última instancia, dará la clave del "control" de la conducta humana adulta.

Ahora podemos determinar con cierta exactitud lo que pueden hacer los recién nacidos. Conocemos los estímulos que suscitarán sus respuestas. También tenemos una idea de lo que el bebé puede hacer a los tres meses de edad, a los seis meses, a los nueve meses, a los doce meses, y tenemos una idea bastante aproximada de qué parte de esta conducta es innata y qué parte condicionada.

Una conclusión sorprendente parece obligarnos a sacar de este estudio del primer o segundo año de la infancia: Las crías de la especie humana realizan muchos menos actos sin instrucción (instintivos) de los que nadie había realizado hasta ahora El otro hecho más interesante es que aprenden a hacer cosas, es decir, se condicionan, el mismo día en que nacen.

La cuestión de los instintos en el ser humano, la trataremos en el capítulo II.

2

¿Por qué el conductista carece de instintos?

¿Cuál es la verdad sobre los instintos? ¿Los humanos los tienen o no?

La opinión más extendida hoy en día se remonta a Darwin. Puesto que el hombre y los animales inferiores tienen ascendencia común, deben parecerse. Vemos al castor, incluso en edad juvenil, royendo árboles y construyendo presas. Vemos a las aves que al emparejarse por primera vez y sin experiencia previa alguna, construyen un nido del mismo material y según el mismo plan general que siguieran sus padres. Vemos como el cachorro del perro doméstico es capaz de nadar cuando se le echa al agua por primera vez como si hubiera recibido algún tipo de entrenamiento especial. Vemos a los patos y gansos recién nacidos retozar plácidamente en el agua. No parece haber límite al número de ejemplos de los llamados instintos entre los animales.

Ahora bien, dada la historia evolutiva común del hombre con otras especies, cabría esperar encontrar en él también numerosos instintos similares en muchos aspectos a los que encontramos en los animales. La base apriorística de este argumento es sólida.

William James cristalizó este punto. Examinando la conducta de adultos y niños pequeños, llegó finalmente a una lista de instintos humanos: escalada, imitación, emulación, rivalidad, pugnacidad, ira, resentimiento, simpatía, caza, miedo, apropiación, adquisitividad, cleptomanía, constructividad, juego, curiosidad, sociabilidad, timidez, limpieza, modestia, vergüenza, amor, celos y amor paternal.

La noción de que el hombre tiene instintos similares a los de los animales es ciertamente compatible con la teoría darwiniana. Tanto Darwin como James no contemplaron que los hechos reales podían ser diferentes y al mismo tiempo no ofrecer dificultades a la teoría de la evolución. Hoy en día, todos los biólogos y todos los conductistas creen en la evolución, creen que el ser humano ha tenido una larga historia evolutiva que comenzó con los inicios de la vida orgánica, nadie con una educación liberal cree hoy en día que el hombre fue una creación especial. Posiblemente aún no esté claro cómo se elaborará finalmente su árbol genealógico, pero la admisión de la creencia completa en la evolución no nos compromete en modo alguno en el tema de la herencia que corresponderá a cada nueva variante del tronco parental. Supongamos que nuestro antepasado filogenético más cercano fuera un simio. Hasta la aparición de la variante hombre nadie habría podido predecir cómo sería su dotación hereditaria. Asumiendo que el proceso evolutivo es de naturaleza continua, supongamos que a través de alguna cadena de factores biológicos el hombre se convirtiera una vez más en un tronco mutante y de repente lanzara una variante con *alas*. Nadie podría predecir la forma de este hombre-pájaro (*Homo Ornithos*) al momento de su nacimiento. No importa cuál resultara ser su equipo de nacimiento, eso no alteraría el hecho de que descendiera del hombre al igual que el hombre ha descendido de algún tronco más primitivo.

Ahora bien, ¿tiene todo esto relación con los instintos del hombre en 1928? El hecho de que haya tenido una historia evolutiva no es prueba de que deba tener instintos como el tronco del que procede, suponiendo por el momento que los animales tengan instintos. Sólo la *observación diaria* del recién nacido y la continuación de estas observaciones durante los primeros años de la infancia nos permitirá decidir si el hombre tiene más instintos que los animales, menos instintos que los animales o ningún instinto en absoluto; Darwin y James no tenían datos reales en los que basar sus conclusiones.

Pero ésta no es la narración completa de la predominante teoría de los instintos. El hombre no sólo tiene un cuerpo: tiene una "mente", según afirman los biólogos. Si su cuerpo ha tenido una historia evolutiva, también la ha tenido su mente. Deberíamos esperar, pues, desde este punto de vista, ver en los humanos rasgos "mentales" como los de los animales. Nuestra literatura está llena de alusiones de este tipo. La mente del hombre tiene la "astucia de un animal salvaje" o la "picardía de un zorro". Su mente es brutal (cruel y feroz) todas esas alusiones muestran nuestro parentesco mental con la estirpe animal de la que hemos surgido.

Y, además, si heredamos muchos de nuestros rasgos mentales de nuestros primitivos antepasados, ¿cuánto más estrecha es la herencia de nuestros padres y abuelos humanos? Razonando así por analogía, tanto los biólogos como los profanos han construido un argumento aparentemente incontrovertible a favor de la herencia de los llamados factores y potencialidades mentales: "¡Su ingenio lo heredó de su brillante padre!"; "Es un diplomático que proviene de una larga estirpe de estadistas"; "Su habilidad musical la heredó de su madre". ¡Cuántas veces oímos comentarios parecidos! La herencia de la "disposición", el "talento", las "habilidades especiales", la "agudeza mental", el "temperamento".

La creencia en los instintos y en la herencia de los rasgos mentales en el hombre ha medrado en la opinión popular por la propaganda eugenista. Estos han hecho muchas observaciones sobre familias superdotadas concluyendo que el "talento" se agrupa por familias. Aspectos como la habilidad matemática, la habilidad musical y la habilidad artística y literaria se transmiten de padres a hijos. Van más allá y albergan la esperanza de que mediante el mestizaje de los más dotados podamos construir finalmente una raza nietzscheana; sólo que estos superhombres y supermujeres serán criados para el arte, la industria y la ciencia, y no para la guerra. Esta visión del eugenista pretende interferir el patrón fundamental con el que se entrecruzan hombres y mujeres y es más peligrosa que el bolchevismo.

Basándonos en la creencia en la herencia de los rasgos familiares, hemos construido (¡afortunados de nosotros!) el mundo ideal de las FFV* (mi familia, mi ascendencia, mi sangre nórdica). Nos gusta ver el mundo a través de estas gafas de color de rosa. Si por casualidad se nos permite llevarlas, no estaremos especialmente agradecidos a quien ose cambiar el color de nuestras lentes.

Esta creencia en la herencia de rasgos y capacidades se ha convertido en parte de nuestras costumbres, arraigada en cada generación por la formación familiar y religiosa. Es un artificio que nos permite cerrar los ojos al presente y a nuestra responsabilidad por el mismo. Es un dispositivo inteligente pero no verbalizado (los freudianos lo llamarían inconsciente) para vivir eternamente. A la mayoría de nosotros, como a Rover, nos cuesta creer que cuando estamos muertos lo estamos del todo**. Algunos podemos presumir de ser irreligiosos e incluso afirmar que no creemos en una vida después de la muerte, pero calmamos este dolor existencial creyendo y enseñando que nosotros, como individuos, continuaremos en nuestros hijos, igual que nuestros padres han continuado en nosotros. Nuestros rasgos, nuestro equipamiento emocional, nuestras tendencias vocacionales, creemos que encuentran su expresión en la vida de nuestros hijos. Odiamos rendirnos. No nos gusta morir. No podemos creer que llegue un momento en que nuestra impronta se pierda para el mundo. Una actitud así encuentra su plena expresión en el titular de un popular anuncio: "¿Por qué todo padre espera que su primogénito sea un varón?" o en la ley de primogenitura de los países europeos. Esta ley es en parte una ley psicológica y no depende totalmente de la propiedad y la sucesión de un título. Psicológicamente significa que mi primogénito nacerá cuando yo sea joven y vigoroso, cuando esté en plena posesión de todas mis perfecciones. Por lo tan-

* *N. del E.:* literalmente *First Families of Virginia*, referencia clasista a la aristocracia originaria de los colonos americanos (ver comentarios sobre este punto de James T. Todd en los ensayos introductorios).

** *N. del E.:* en referencia a la expresión inglesa *Rover, dead all over*, en la que *Rover* sugiere el nombre genérico de un perro que, al carecer de alma, al morir, lo hace completamente.

to, él, por encima de otros hijos podrá engendrar en mis últimos años, cuando mis facultades hayan menguado, estará dotado de todos mis talentos característicos y perfeccionados.

Hay algo más que esta creencia hace por nosotros. Si hemos tenido hijos y hemos en algún modo fracasado como padres (quizá la mayoría estemos en esta categoría) nos proporciona una vía de escape. Si el hijo "malo" ha heredado todas estas cosas de la familia de su madre (como afirmará el marido, tratando de exculpar a su parte de la familia), ¿por qué culpar al padre? Es resultado de la naturaleza, ¡y esta debe ser mucho más fuerte que la crianza!

Ésta, despojada de lo accesorio, es la razón de nuestra ilimitada creencia en la herencia de "rasgos mentales", "disposiciones", "capacidades", "tendencias" y "habilidades especiales".

LA TESIS CONDUCTISTA

Ahora bien, ¿cuáles son algunos de los hechos incómodos que el conductista cree haber descubierto?

El conductista descubre que el ser humano al nacer es un pedazo muy bajo de protoplasma informe, listo para ser moldeado por la familia a cuyo cuidado haya quedado confiado. Este trozo de protoplasma respira, emite balbuceos, gorjeos, arrullos con su aparato vocal, agita brazos y piernas, mueve los brazos y los dedos de los pies, llora, excreta a través de la piel y otros órganos los residuos de su alimentación. En resumen, se retuerce (*responde*) cuando el entorno (interior o exterior) le ataca (le *estimula*). Esta es la sólida roca observacional sobre la que se asienta el punto de vista del conductista: "No encuentro ninguno de los instintos enumerados por James".

El eugenista, el biólogo y el psicólogo de antaño dicen: "Sí, sí, pero usted ha observado al niño sólo durante los dos o tres primeros años de la infancia. La mayoría de estos instintos, todos los rasgos y talentos y capacidades heredados, aparecen a una edad más tardía". El conductista replica: "Bueno, si yo los he observado sólo durante los primeros años de la infancia, eso es mucho más tiempo del que usted los ha observado: usted nunca los ha observado en absoluto. En consecuencia, la carga de la prueba recae sobre usted. Debería remontarse al menos a la infancia temprana para averiguar de qué está hecho el material que luego va a observar".

Y esta es toda la cuestión: *el condicionamiento, es decir, la crianza y no la naturaleza,* comienza tan pronto que el biólogo y el eugenista no han tenido oportunidad de hacer observaciones válidas.

El conductista no puede dudar de que los dos primeros años de la infancia son enormemente importantes en la formación del niño. Si no se ha llevado un registro de los dos primeros años de la infancia, la observación científica es imposible. Todo biólogo sabe lo imposible que fue hacer observaciones precisas sobre el material vegetal de Burbank*: estaba todo demasiado mezclado, numerosas acciones no fueron registradas con exactitud. Intentar observar a un niño humano de dos años cuyo registro diario no fue llevado es como intentar averiguar la historia familiar de una nueva variedad de prímula mirando simplemente la flor. Al final de su segundo año, el temperamento del niño está bien organizado; sus inclinaciones vocacionales, su carácter, sus miedos, su inclinación positiva hacia las cosas, hacia el lápiz, el papel, la tiza, la carpintería, el agua, las relaciones sociales... se han inclinado tanto que sólo un ser divino podría deshacerlo y entregarlo al biólogo como nuevo material apto para observar el desarrollo de rasgos familiares.

Por eso, cuando el evolucionista experimental y los evaluadores mentales (estos últimos incluso predicen el futuro genio basándose en el test de los seis años**) nos dicen que sus estudios de las familias superdotadas demuestran que los "dones" se transmiten a los hijos en un porcentaje superior al que exigirían las leyes del azar, el conductista se ríe. Sólo ve en sus afirmaciones una prueba perfecta de sus propias teorías. Porque, ¿dónde sino en una familia de músicos obtendría el bebé el patrón de respuestas para llegar a ser musical? ¿Dónde sino en la familia del arquitecto obtendría esas inclinaciones tempranas que le permitirían ser arquitecto? ¿Dónde sino en la familia de los neuróticos y psicopatológicos aprendería el pequeño de cuatro años a decir: "He estado tosiendo toda la noche, me encuentro mal y creo que hoy no debo ir al colegio"? ¿Y dónde, sino en la familia del artista, obtendría entrenamiento en el manejo del color, el tamaño, la forma de los objetos y el entrenamiento neurótico que conlleva la formación del artista (esto último no es en absoluto una parte necesaria de sus habilidades)?

Pero, ¿por qué sólo algunos hijos de superdotados? Las razones no son difíciles de hallar. A menudo hablo con artistas sobre este tema. Mi hija, que se parece a mí, tiene un maravilloso sentido del ritmo y de la proporción; empezó pronto a demostrarlo. Con solo cuatro años ya hacía algunas cosas realmente buenas. Incluso arrastra las cosas por la habitación de la misma forma brusca que yo. Nunca he intentado enseñarle nada. No puede hacerme creer que la niña haya heredado algo de mi don y talento. Mi hijo, que se parece a su madre,

* *N. del E.:* en referencia al agrónomo Luther Burbank (1849-1926) y sus métodos para crear nuevas frutas y flores mediante cruzamientos selectivos.

** *N. del E.:* referencia al movimiento psicométrico en EEUU y la amplia aceptación que alcanzaron escalas de cociente intelectual como la Standford-Binet en el sistema educativo de aquella época, siendo utilizadas como instrumento de asesoramiento vocacional, a veces a muy temprana edad. El estudio de familias superdotadas mencionado es el *Genetic Studies of Genius* de Lewis Terman (1925/1943), un estudio que continúa a día de hoy, siendo el estudio más longevo de la historia de la psicología.

no quiere tocar un pincel ni un lápiz; no tiene ni un solo movimiento como los míos y, sin embargo, han crecido en el mismo ambiente". Es poco amable decirle a este artista que tiene una fuerte fijación por su hija; que casi desde la infancia ha encontrado (o mejor, construido) en ella lo que no ha encontrado en su esposa; que su mujer odia su profesión y moriría antes de ver a su hijo seguir las huellas de su marido.

¿No hay nada, entonces, en la herencia? ¡Qué absurdo! Ciertamente, lo hay. Nacemos hombres, no canguros. Nacemos con dos ojos situados muy juntos, no como las aves y los caballos, en los que los dos ojos, salvo en un estrecho margen, nunca ven el mismo objeto al mismo tiempo. Tenemos dos brazos, dos piernas, diez dedos en las manos y diez en los pies. Debido a esta estructura hay algunas cosas que podemos aprender a hacer más fácilmente que otros animales. Nuestros dedos de las manos son más móviles que los dedos de los pies. Por ello aprendemos a hacer cosas con los dedos de las manos y no con los de los pies. Si tenemos la mala suerte de nacer sin dedos, aprendemos a escribir, a aporrear una máquina de escribir y a dibujar con los dedos de los pies. Si tenemos la mala suerte de nacer con un solo brazo, nunca podremos aprender a ser ambidiestros. Si nacemos sin ciertos componentes químicos en nuestras retinas, nunca podremos aprender a reaccionar a las luces monocromáticas (es decir, responder ante diferentes colores). Si nacemos con ciertas deficiencias en nuestros oídos, nunca podremos reaccionar a diferentes longitudes de onda trasmitidas por el aire (sordera tonal, islas tonales, etc.). Si nacemos sin ojos, no podremos reaccionar visualmente. Si nacemos sin cierto equipamiento cerebral, puede que no seamos capaces de aprender ni siquiera los actos sencillos de cuidar de nosotros mismos.

El conductista admite todo esto, pero afirma que, en contraste con lo que el bebé humano tiene que aprender (ser condicionado), es todo lo contrario. Tome a cualquier joven estadounidense recién nacido y llévelo a China y entréguelo al cuidado exclusivo de una familia china y desarrollará un chino impecable, llevará cola, adorará a sus antepasados, comerá con un palillo, se sentará en una estera. Aprenderá la escala musical pentáfona, desarrollará ritmos y acentos musicales muy distintos de los que tenemos en Occidente. ¿Qué ha sido de sus rasgos occidentales heredados de su madre pianista de jazz y de su padre modernista cubista? Se han ido como las nieves de antaño. Su conducta, sus capacidades, lo que hará, vendrá determinado por su vida familiar, por los patrones que encuentre en ella, por el azar de ese entorno y por la especial fijación emocional de uno u otro de sus padres adoptivos.

El conductista es un tipo práctico, de sentido común. Nos pide que volvamos a la tierra y veamos al niño tal como es.

Basándose en sus experimentos, argumenta más o menos como sigue: "Descubro que puedo tomar estas acciones del recién nacido (sus movimientos desorganizados de los dedos de las manos, los movimientos de sus brazos, piernas, pies y dedos de los pies, los retorcimientos de su tronco) y tejerlas en actos deportivos y de destreza muy complicados, como clavar un clavo con un martillo, tallar con un cuchillo, disparar con arco y flecha, o jugar al tenis, trepar, gatear, correr y caminar. Puedo tomar las acciones de los músculos de la garganta y entretejerlas en esos actos altamente organizados que llamamos hablar y cantar (y, sí, incluso pensar). Puedo tomar las contorsiones infantiles del intestino (el tejido muscular no estriado del tracto alimentario, el diafragma, el corazón, la respiración, etc.) y organizarlas realmente en complicadas respuestas emocionales que llamamos miedos, amores y rabias".

El conductista no pide nada para empezar a construir un ser humano, salvo las acciones que todo el mundo puede ver en el recién nacido.

Va aún más lejos y dice: "Denme sólo cien 'acciones básicas' de dedos, manos, piernas, dedos de los pies y tronco y déjenme unirlas con mis métodos y tendré más que suficiente". Y aquí llamamos la atención sobre una regla muy sencilla en aritmética. ¿Cuánto es el factorial 4? Pues es 4 x 3 x 2 x 1 = 24. Ahora bien, como podrá combinar las cien acciones de tantas maneras como le plazca, el número total de tales combinaciones de respuestas posibles será el factorial de 100. ¿Ha intentado alguna vez calcular el factorial de 100? Se trata de un número colosal, formidable. Si algún ser humano poseyera el factorial de 100 respuestas, tendría tantas que no podría ejecutar su repertorio, aunque viviera hasta la edad de Matusalén. Tomemos el lenguaje, por ejemplo: probablemente cree que utiliza un número casi ilimitado de palabras. En realidad, pocos adultos utilizan más de 18.000 palabras. La mayoría nos arreglamos con menos de 2.000, muchos lo hacen con un conjunto de entre 500 y 800 palabras. La sociedad americana, tal y como la conocemos hoy, nos exige poseer un conjunto de adaptaciones mínimo. Nuestras realizaciones, incluso nuestras palabras y frases, son tan limitadas y estereotipadas que se puede predecir con bastante exactitud lo que la mayoría de los hombres y mujeres van a decir o hacer en la mayoría de las situaciones. Ciertamente se nos podría calificar de estúpidos y carentes de interés. Dejamos de organizar estas acciones tan pronto como un nivel dado de complejidad nos permite encajar en el grupo en el que vivimos, tan pronto como podemos ganarnos la vida de algún modo en esta tierra de leche y miel en la que podría decirse que es lastimosamente fácil obtener el sustento.

Si el mundo se cubriera de agua hasta una altura de dos metros y se retiraran todas las herramientas y maderas, pronto organizaríamos nuestras latentes acciones para trepar, y de trepar pasaríamos a saltar y balancearnos de rama en rama en los árboles (suponiendo que hubiera árboles). Piense en lo rápido que cambiaría nuestro equipamiento vocacional y emocional. No hay ningún misterio en convertir al ser humano en un organismo tan complicado como es; el misterio es que le dejemos seguir viviendo con el simple conjunto de respuestas que muestra cuando su potencialidad (¡sin recurrir a milagros!) es de una organización mayor. Ésta es una de mis rencillas con la sociedad. Dejamos que el individuo se detenga en la tabla de multiplicar 12 x 12. Dejamos que se salga con la suya haciendo trampas en el tenis, con métodos acientíficos ineficaces en los negocios; con una conversación de ínfimo nivel. Antes existía un sistema gremial en el que se exigía la perfección de las respuestas manuales casi hasta el límite fisiológico de la capacidad del individuo. Piense en los tapices que se solían tejer, en los finos encajes que se hacían, en las tallas que incluso los niños podían realizar. Y en el campo vocal recuerde que antaño todo trovador era un virtuoso. Esto no es una reivindicación del tópico de que todo tiempo pasado fue mejor. No es un lamento porque hayamos degenerado en ojos, manos y músculos. En absoluto; la materia está ahí pidiendo a gritos que le demos forma. Es un reclamo por introducir en el ambiente algún tipo de choque o castigo que nos obligue a todos a desarrollarnos hasta el límite de nuestras capacidades. Siento un respeto infinito por lo que podemos hacer con esa masa de protoplasma que se retuerce y a la que llamamos bebé.

Sólo en un campo conservamos el espíritu gremial, y es en la ciencia. Allí se realizan tareas hercúleas y cada generación ve una técnica cada vez más fina, una destreza cada vez mayor.

En resumen, el conductista clama: "Dadme un bebé y un mundo para criarlo y haré que gatee y camine; haré que trepe y utilice sus manos en la construcción de edificios de piedra o madera; haré que sea un ladrón, un pistolero o un drogadicto". Las posibilidades de moldeado en cualquier dirección son casi infinitas. Incluso las grandes diferencias en la estructura anatómica nos limitan mucho menos de lo que solemos creer: Quítele las manos al hombre y haré que escriba, utilice una máquina de escribir, conduzca un automóvil, pinte y dibuje con los dedos de los pies. Córtele las piernas y paralícele los músculos del tronco para que quede postrado en una cama, pero deme sólo las manos y los brazos y haré que toque el violín, escriba y haga mil cosas más. Hágale ciego y aún podrá jugar al hockey sobre hielo, disparar con cierta habilidad, leer y escribir, hacer de modelo y ganarse la vida de cien maneras diferentes. Quítele el oído al nacer y podré enseñarle a mantener una conversación. Hágale sordomudo y aun así le construiré una Helen Keller".

Con estos hechos ante nosotros tenemos la respuesta a las afirmaciones tantas veces repetidas de los eugenistas, de que, puesto que las mediciones muestran que existen ligeras diferencias en la estructura corporal y cerebral entre los individuos, estas diferencias anatómicas deben marcar una diferencia en la forma en que el recién nacido comienza. No, la carga de la prueba recae sobre los que defienden tal argumento. A la luz de lo que sabemos que podemos hacer con el bebé humano (y también deshacer y malograr) a una edad temprana, ya no estamos dispuestos a admitir que estas ligeras diferencias anatómicas actúen eficazmente en la formación de hábitos. La creencia en instintos innatos y rasgos mentales innatos, disposiciones, capacidades, tendencias, constitución, necesita ahora hechos que la corroboren.

CÓMO RESPONDER ANTE CIERTAS OBJECIONES

Se plantean numerosas objeciones contra la opinión del conductista de que los hombres se construyen, no nacen. La primera es: "He aquí dos niños nacidos y criados en el mismo entorno, por los mismos padres, rodeados de los mismos vecinos. Comen la misma comida y visten el mismo tipo de ropa. Sus capacidades, talentos, disposiciones, inclinaciones y sesgos son totalmente diferentes. ¿Cómo podemos explicar esto? Debe haber algo en la herencia, después de todo". Tomemos un caso real: Hay dos hermanos que viven en el mismo hogar, con sólo uno o dos años de diferencia de edad, nacidos de padres expertos en la crianza de niños. Se les trata de la forma más parecida posible. Uno contrae amigdalitis, tiene numerosos resfriados, tiene que guardar cama con frecuencia, finalmente tienen que extirparle las amígdalas y quitarle una marca de nacimiento. Va al hospital, ve a las enfermeras de blanco, oye que algunas personas allí les llaman "doctor". Tiene que someterse a una operación bajo éter. Durante meses y meses, la visión de una mujer vestida de blanco le aterroriza; lanza un grito ante cualquiera con el apelativo "doctor" que entre en la habitación. He aquí dos niñas criadas en el mismo hogar, con el mismo entorno. Una de ellas recibe a los seis años una experiencia sexual que la condiciona contra los niños y los hombres durante meses y posiblemente de por vida.

Los padres y las madres no pueden reaccionar igual ante estos dos niños; no pueden tratar al segundo hijo como al primogénito. Los gemelos idénticos son casi indistinguibles a la vista o la voz y son los que más se acercan a tener el mismo entorno. A menos que un accidente como una enfermedad le ocurra a uno y no al otro, mostrarán una conducta muy similar. Pero si los niños son separados a una edad temprana y criados en hogares muy diferentes, su organización será muy distinta. La objeción "ambientes idénticos y rasgos distintos" se desmorona; no existen los ambientes idénticos.

Otro argumento a menudo esgrimido como demoledor es que existe una raza inferior. "Hay que admitir", dicen sus defensores (entre los que se encuentran muchos biólogos), "que el negro sureño que salió del África más oscura y cayó bajo la influencia del sureño culto no ha crecido rápidamente hacia la cultura; sin duda, aquí vemos la influencia de la herencia. El negro es de una raza inferior y siempre lo será". Muchos de nosotros vemos ahora que se trata de una afirmación completamente infundada. A la persona de raza negra nunca se le ha dado la oportunidad de desarrollarse. Si se enviara a todos y cada uno de los jóvenes de raza negra a Harvard y luego a estudiar derecho y medicina y se les diera un año para viajar e ingresos de un millón de dólares al año, aun así, seguirían sin tener las mismas oportunidades. Incluso en Boston o en Washington su condición no habría cambiado en lo más mínimo; se le seguiría haciendo sentir su inferioridad. Hay un intento esporádico en Nueva York por parte de un grupo sofisticado de ensalzar a la persona de raza negra. Acuden a los clubes nocturnos de Harlem, comen y beben con ellos en un plano de aparente igualdad social, les invitan a sus casas y, en general, les brindan vino y cena*. Pero que un negro intente casarse con un hijo o una hija de cualquier miembro de esta camarilla, y "será el llanto y el crujir de dientes". En Jamaica y en Europa esta barrera social es más tenue y, en consecuencia, la persona de raza negra tiene casi las mismas oportunidades que la de raza blanca. ¿Por qué, entonces, no se desarrolló en África, donde era el dueño incontestado? Porque donde la comida, el sexo y el cobijo no ofrecen problemas no hay nada en el entorno que fuerce los movimientos de ensayo y error que conducen al descubrimiento. También las personas de raza blanca que habitan en los trópicos adoptan estilos más pausados.

Este argumento ha sido matizado por ciertos biólogos cuando empiezan a argumentar sobre las diferencias de peso cerebral entre el europeo culto y el indígena. Lo cierto es que, con independencia del estatus cultural, el peso del cerebro es proporcional al peso corporal. El indígena tiene un peso cerebral pequeño porque tiene un cuerpo pequeño. La mujer europea culta tiene aproximadamente el mismo peso cerebral que el bosquimano australiano porque, por término medio, tiene el mismo peso corporal. Ella tiene un peso cerebral menor que su pareja, no porque tenga menos "inteligencia" que él, sino porque su cuerpo es de menor tamaño.

* *N. del E.:* ironía sobre el famoso *Cotton Club* (1923-1940) y el renacimiento de Harlem durante el que artistas de raza negra entretenían a audiencias acomodadas de raza blanca en locales segregados. En el poema de Lorca *El rey de Harlem* podemos atisbar un imaginario surrealista sobre la segregación racial del Nueva York de los años veinte.

LO QUE EL CONDUCTISTA OFRECE A CAMBIO

Puesto que el conductista no cree en los instintos, ¿de qué modo los reemplaza? ¿Cómo consigue organizar las simples acciones del bebé? Lo hace mediante el *condicionamiento*. Utilicemos algunas ilustraciones caseras. Una de las acciones del recién nacido es llevarse el dedo a la boca (muchos pequeños se chupan el dedo casi momentos después del nacimiento). Golpetee suavemente sus dedos con un lápiz cada vez que se lleve el dedo a la boca. Pronto, la mera visión del lápiz en movimiento le hace retirar la mano; un poco más tarde, la mera visión del individuo que lo hace le hará sacar el dedo de la boca. A esta modificación de la conducta la llamamos *respuesta visual condicionada*. La visión del lápiz y la visión de la cara del experimentador al principio no provocaban *ninguna respuesta*, no eran aun estímulos. Mediante este sencillo procedimiento hemos conseguido que la mera visión del lápiz y la mera visión de la cara del experimentador provoquen la misma respuesta que la acción del lápiz. Tomemos la respiración del niño, ¿seguramente se trata de un reflejo fisiológico invariable y constante? En absoluto. Muéstrele al niño una manzana roja; esta no afectará a su respiración. ¿Cómo puedo hacer que la manzana modifique profundamente su respiración? Una palmadita en la muñeca desde el nacimiento sí provoca una marcada variación en la respiración. Ahora bien, si le muestro la manzana roja en el instante en que le doy la palmadita en la muñeca, la manzana roja provoca pronto el mismo cambio en el ritmo de la respiración que la palmadita en la muñeca. De nuevo, hemos creado una respuesta visual *condicionada*. A un objeto visual que no tenía efecto alguno se le ha atribuido uno característico. Cualquier objeto del universo puede quedar potenciado, por así decirlo, mediante condicionamiento.

Sin entrar en detalles, llegaríamos a afirmar, forzando un poco la imaginación, que podemos tomar cualquier objeto del universo (incluidas las palabras) y hacer que el niño flexione el brazo por el codo cada vez que se le muestre ese objeto. Podemos tomar cualquier objeto del universo y hacer que apriete el puño cada vez que lo vea. Mostrando los objetos en serie (espaciados y cronometrados) hacemos que el niño muestre sus respuestas en serie. A esto lo llamamos "acto". Piense en un grupo de soldados que siguen una serie de órdenes: 1. Formen filas. 2. Marchen. Cada movimiento de esta complicada serie de actos es una respuesta condicionada construida igual que las que construimos en el bebé para que pueda manipular su biberón de leche, sus juguetes, etc. *Este condicionamiento se produce rápidamente* desde el momento del nacimiento. El niño se condiciona casi de inmediato al biberón, a la voz y el sonido de las pisadas de la madre; al tacto más áspero y la voz más alta del padre; a la forma en que se le viste y se le acuesta en su cuna; a la luz de su habitación. Condicione a un niño de nueve meses dejándole un juguete para que se lo lleve a la cama. Descuide entregárselo alguna noche y se lo hará saber. Condiciónele a dormir con la luz encendida, y alguna noche apáguela. Deje que alguien aparte de su madre le coja, le alimente y le vista y verá cómo empiezan a fraguarse nuevos condicionamientos hacia esa persona. Al cabo de un año, es casi inflexible en la línea en la que se le ha condicionado. Cuando está conmigo, mi hijo de cuatro años es un constructor de barcos y un atleta, que exhibe con orgullo su musculatura, su pecho y su habilidad para el boxeo; con el jardinero, se comporta como un jardinero; con su madre, se comporta como un conductor de automóviles, o lector de libros; con su nodriza, chapurrea palabras en francés; con su hermano de seis años, que monta en bicicleta, es un experto de triciclos.

Si no ha tenido experiencia con el condicionamiento de bebés, es difícil darse cuenta de lo rápido que se fija el material protoplasmático.

Ahora bien, ¿no es todo esto mucho mejor y más emocionante que los instintos? ¿Acaso el conductista va a derribar el mundo al descubrir que, en lugar de instintos en el niño que son irrevocables y escapan a nuestro control, éste tiene una plasticidad ilimitada desde el principio? ¿No da a todo padre o madre, o futuro padre o madre, una especie de secreto regocijo el percatarse de que su hijo no tiene por qué arrastrar consigo muchas de las debilidades e inferioridades que posee? ¿No da a cada hombre y mujer que ha fracasado y que ha atribuido ese fracaso a una herencia defectuosa o a una "constitución fundamental" la idea de que posiblemente sus iniciativas pasadas no hayan sido quizá lo suficientemente vigorosas?

¿Y no nos hace a todos responsables en cierto modo de los fracasos de la sociedad, de nuestros delincuentes, de nuestros drogadictos y de la ignorancia y estupidez de las masas?

¿Es el conductista un mecanicista? Sí, totalmente. ¿Pero no se da forma a un trozo de hierro para convertirlo en un eje de automóvil, a otro para convertirlo en las piezas esenciales de un instrumento científico? ¿No se da forma a un trozo de caucho para convertirlo en un neumático, a otro para convertirlo en una cámara, y no son las manos del hombre las que les dan forma? ¿Hay algo particularmente repugnante en creer que las manos del hombre pueden tomar la masa protoplásmica viva que llamamos niño y darle forma según las especificaciones exigidas por nuestras normas sociales actuales? No veo en ello dificultad alguna. No, los únicos mecanicistas desesperados y francamente peligrosos son los propagandistas de la herencia y la predestinación urdida en interminables eras de "rasgos mentales".

Intentaremos aplicar en el próximo capítulo parte de esta misma lógica a nuestra conducta emocional.

3

La conducta visceral y el estudio de las emociones

Los antiguos sostenían que, mientras que la cabeza era la sede del intelecto, el corazón lo era de las emociones.

Si hacemos que el corazón incluya todo nuestro "interior", esta antigua visión se parece curiosamente a la visión conductista moderna. La palabra "tripas" es uno de los términos más sencillos para designar esa porción de nuestra anatomía que se mueve, se comporta, responde a los estímulos emocionales. La palabra latina *viscera* es un poco más educada pero menos contundente.

Nuestras vísceras, o tripas, son el estómago y los intestinos; los pulmones con el diafragma y la tráquea; el corazón con sus apéndices como las arterias y las venas. Todos estos órganos contienen *músculos no estriados o lisos* (en contraste con los grandes músculos estriados rojos de nuestras piernas, brazos y tronco) que se contraen y se relajan. Todos nuestros órganos viscerales están bajo tensión. Esta tensión puede aumentar o disminuir. Muchos de estos órganos son huecos. Se abren o se cierran bajo una tensión muscular variable. También están las glándulas de los conductos (compuestas por células secretoras, vasos sanguíneos y otro tejido muscular no estriado). Estas glándulas secretan. Un buen ejemplo son las glándulas salivales. Las glándulas lacrimales o lagrimales, las glándulas estomacales, las glándulas sudoríparas y las glándulas sexuales. También hay glándulas sin conductos que vierten potentes sustancias químicas (hormonas) en el torrente sanguíneo. Cada pelo está provisto de un pequeño músculo. Cuando se contrae hace que el pelo se erice. Ciertamente, en el intestino tenemos una gran cantidad de tejidos que pueden comportarse de forma independiente cuando se aplica el estímulo adecuado.

Pero, ¿no funcionan todos estos procesos sin incidencias, de forma aparentemente automática? ¿No constituyen el llamado sistema autónomo y no están controlados por una división casi independiente del sistema nervioso?

La respuesta a cada una de estas preguntas es "sí". En circunstancias ordinarias, los órganos viscerales funcionan tranquilamente sin incidencias. Si ingerimos alimentos, inmediatamente, las glándulas salivales comienzan a fluir, ayudándonos a tragar la comida y en parte a digerirla. Cuando la comida llega al estómago, otras glándulas comienzan a funcionar: se produce la absorción; nuestra circulación y respiración continúan plácidamente. Nuestras glándulas sudoríparas se activan cuando hace calor, refrescando la superficie del cuerpo y expulsando los productos de desecho. Todo este sistema, cuando funciona bien, es un hermoso estudio de mecánica corporal. Parece tan primitivo y firme que nada, salvo un terremoto, podría alterarlo.

¿Y qué lo altera? Aunque resulte extraño decirlo, puede ser alterado con extrema facilidad. Si hemos recibido un entrenamiento inadecuado en la infancia y peor en la adolescencia, este se vuelve equívoco e impredecible. Una pequeña dosis de malas noticias puede detener por completo la digestión. El ulular nocturno de un búho en un árbol cercano a nuestra ventana puede ralentizar nuestra respiración, hacer palidecer el rostro y alterar profundamente, quizá durante horas, toda nuestra maquinaria interna. La visión de una serpiente puede paralizarnos de tal modo que ni el habla ni la respuesta de huida sean posibles. Se dice que ocho personas murieron oyendo la retransmisión radiofónica del combate Tunney-Dempsey*. Por supuesto estas personas no disponían de una adecuada forma física, pero podrían haber sobrevivido muchos años de no haber puesto a sus tripas bajo la tensión de reaccionar ante un estímulo emocional tan poderoso.

Miles de situaciones domésticas, tales como interacciones verbales entre marido y mujer, hijo y padre, hermanos y hermanas, novios y amantes, hacen que los sistemas viscerales estén tan mediatizados que pueden llegar a dejar de funcionar. Abatimiento, desaliento, timidez, alegría, exaltación (y muchos otros) son los nombres que damos a las respuestas emocionales provocadas por tales estímulos.

No es de extrañar que el psicólogo introspectivo abandonara el problema de experimentar con la conducta emocional y se contentara con hilar formulaciones verbales. Con igual fortuna podría haber intentado captar las escenas efímeras de un caleidoscopio o el cambio cromático en la costa de Maine al atardecer que intentar abarcar verbalmente la "materia" de la que están hechas las emociones. El error que cometieron los psicólogos, incluido William James, fue considerar las emociones como "estados mentales" y no como *formas de conducta que debían se aprenden como otros conjuntos de hábitos.*

* *N. del E.:* combate por el título de los pesos pesados que tuvo lugar en Chicago el 22 de septiembre de 1927.

La mayoría de nosotros, cuando pensamos en el aprendizaje, pensamos en los movimientos organizados que hacemos con los brazos, las piernas, el tronco, el cuello (incluida el habla). Pero esta conducta organizada, inculcada desde nuestra infancia, se debe principalmente a la acción de los grandes músculos estriados presentes en tronco y extremidades. Hasta hace poco ha sido el único tipo de conducta aprendida del que sabíamos algo. La sociedad puso muy pronto nuestros músculos estriados bajo su control. Nos enseñaron a bailar, a caminar, a cantar y a rezar, a adquirir actos de destreza tanto para trabajar como para salir del paso. La sociedad ha enseñado a nuestros músculos estriados a lectura, escritura, aritmética y tantas cosas más.

Pero la conducta de los músculos estriados no es la totalidad de la conducta. A veces dista mucho de ser la parte importante o principal de esta. Puede que nos ganemos el pan con nuestros músculos estriados, pero ganamos nuestra felicidad (que insisto es, en términos conductuales, sólo un modo de conducta) o la perdemos por el tipo de conducta a la que nos conducen nuestros músculos no estriados; nuestras tripas.

Es extraño que hayamos vivido tantos millones de años y nunca aprendido a educar u organizar nuestra vida emocional. Pero así es. Es el único ámbito que ha desconcertado al control social. No conocemos ninguna técnica para aprender a comportarse de forma emocional o no emocional. Cualquiera puede enseñarle a jugar al tenis, a conducir un automóvil, a escribir a máquina, a pintar o a dibujar. Tenemos escuelas e instructores para todo ello, pero ¿quién ha creado una escuela para enseñarnos a tener miedo y a no tenerlo, a enamorarnos y a desenamorarnos, a ser celosos o a no serlo, a contener nuestra ira o a olvidar las afrentas, a no albergar resentimiento? Y, sin embargo, algunos de estos modos de conducta constituyen la esencia de la llamada religión cristiana; de hecho, forman parte de todos los códigos civilizados. Aparte de unos pocos mandatos verbales inertes ("contrólate", "no tengas miedo"), ni la Biblia, ni el Corán, ni la ética, ni la psicología actual ofrecen técnica alguna para controlar nuestra propia conducta emocional o para instruir la visceralidad juvenil hacia un patrón social estándar. La conducta emocional ha sido aprendida en condiciones caóticas. Sólo por suerte conseguimos organizar nuestra vida emocional y cuando lo hacemos no podemos mostrar a nadie cómo lo hicimos. Los psicoanalistas han hecho algunas afirmaciones audaces sobre el control emocional, pero el análisis estricto según las líneas freudianas ha tenido un éxito modesto. No es más que otro método de aciertos y errores, un truco o artificio más que un método científico.

Como consecuencia de todo esto, la cabeza (una parte del cuerpo) puede dominar la forma en que se comportan nuestros brazos, piernas y tronco, pero no puede dar órdenes a nuestras tripas. La cabeza puede decir: "Brazo, vuela hacia arriba", "Piernas, doblad la rodillas", "Pies, moveros con rapidez", y las órdenes se ejecutan. ¡Qué inútil es que la cabeza diga a las glándulas salivales: "segreguen"; a las glándulas sudoríparas: "derramen sudor"; a las glándulas lacrimales: "segregad lágrimas"! Qué infantil, entonces, el mandato del poeta: "Calla, corazón triste, y abandona tu lamento". Qué ineficaces las perogrulladas del cura a la madre desconsolada.

No somos las criaturas racionales que creemos ser. Incluso los más austeros son, por el contrario, seres de acerada emocionalidad. Tras actuar bajo el influjo de nuestras vísceras, a menudo "racionalizamos" nuestras acciones para ocultar la debilidad en su fondo. "Me apiadé de él; tenía que darle algo". "El niño lloraba como si se le fuera a romper el corazón; no tuve valor para castigarle". "Era tan atrevido en sus amores que temí que se pusiera violento si le rechazaba". "No pude soportarlo. Tuve que ceder en la disputa con mis padres, no soporto verlos enfadados" y miles de expresiones más, no son más que la fachada verbal con la que encubrimos el hecho de que nuestras tripas controlan nuestras acciones. Criaturas racionales... ¡en absoluto! El corazón se las arregla de maneras taimadas para robarle la batuta a la cabeza. El cronista bíblico se adelantó a su tiempo cuando dijo: "Guarda tu corazón con toda diligencia, porque de él mana la vida" (*Proverbios, 4:23*).

¿PODEMOS ENSEÑAR A LAS VÍSCERAS?

Los laboratorios psicológicos han estudiado durante años la formación de hábitos generales (en los que intervienen los músculos estriados) como la adquisición de la destreza telegráfica o mecanográfica, la habilidad de mantener dos o más pelotas en el aire, tiro con arco, artillería, multiplicación, suma y similares. Estos experimentos han producido resultados que tienen un valor práctico en el control de la formación de hábitos.

Pavlov señaló por primera vez el camino hacia el control del intestino a través del condicionamiento. Sus experimentos se llevaron a cabo con las glándulas salivales del perro. Quedó para el Dr. K. S. Lashley*, del laboratorio Hopkins, aplicar estos experimentos al ser humano. Lashley construyó un aparato muy ingenioso para estudiar la glándula salival humana. Consistía en una placa circular de plata de 5 cm de diámetro y 3 mm de grosor. Tenía dos compartimentos, uno de los cuales se ajustaba a la abertura de la glándula salival en la mejilla. Un delgado tubo de plata salía de este compartimento a través de la boca. El otro compartimento estaba conectado a una pequeña bomba de aire. Extrayendo el aire se conseguía que el aparato se adhiriera cómodamente a la

* *N. del E.:* Karl S. Lashley (1890-1958), psicólogo americano, fue estudiante de Watson en John Hopkins.

mejilla. Una vez fijado el aparato, la saliva salía gota a gota por el tubo bucal. Cada gota fue contada y cronometrada. Ordinariamente, cuando no se estimulaba especialmente aparecían unas dos gotas por minuto. ¿Cómo podemos desde el nacimiento hacer que esta glándula segregue más rápidamente? ¿Cuál es el estímulo natural (no aprendido) al que reacciona? El estímulo *incondicionado* es un *ácido* débil: clorhídrico débil o vinagre natural. Cuando éste se aplica a la lengua con un gotero de medicina común, la saliva sale a razón de veinte a cuarenta gotas por minuto (*respuesta incondicionada*). ¿Qué ocurre si continúa este experimento durante un breve periodo de tiempo? *La glándula salival comienza a verter su secreción en el momento en que se muestra el gotero al sujeto sin requerirse estimular la lengua con el ácido.* Se ha establecido una *respuesta glandular condicionada.* De paso, ha conseguido su primer dominio (producido experimentalmente) sobre el intestino humano. Le ha enseñado un *hábito.* ¡"Asociación de ideas" (esa vieja frase sin sentido) dice usted! En absoluto. Incluso después de haber enseñado a su glándula salival este truco, intente por todos los medios conocidos con "fuerza de voluntad" (otra expresión carente de sentido) hacer que la glándula secrete más rápido o más despacio. La cabeza (órdenes verbales) no puede hacer que la glándula cambie su ritmo regular. No; para "controlarla" hay que volver a la situación anterior, es decir, estar a gusto en su silla y que de repente le muestren una pipeta. Inmediatamente la glándula empieza a fluir. Y en pocas palabras ésta es toda la teoría de la emoción. No hay rima ni razón en ello. Accidentalmente, por tradición familiar, accidentes de la rutina, etc., el intestino se condiciona. No se puede discutir sobre ello, su "voluntad" no funcionará al respecto, pero cuando se le arroja a la vieja situación, se produce la vieja reacción emocional.

Cason ha demostrado que la pupila (otro elemento visceral) puede condicionarse del mismo modo al sonido de una campana*. Pavlov, Anrep y muchos otros han demostrado que las glándulas del estómago pueden condicionarse de forma similar**. Ahora empezamos a entender por qué a todo niño se le hace la boca agua cuando pasa por delante de una pastelería, por qué la vista de un comedor bien ordenado favorece la digestión, por qué nuestra comida y nuestro comedor deben hacerse atractivos, por qué las actividades que producen tensión deben emprenderse sólo después de haber terminado la digestión. Es probable que todas las glándulas del cuerpo, tanto las exocrinas como las endocrinas, respondan a múltiples condicionamientos de este tipo. Hemos realizado muchos experimentos que demuestran que nuestros sistemas estomacal, cardíaco y respiratorio responden a multitud de tales sistemas de hábitos.

* *N. del E.:* ver, por ejemplo, *The conditioned pupillary reaction* (Cason, 1922).

** *N. del E.*: Glev Von Anrep (1890-1955) fue estudiante de Pavlov y traductor al inglés de algunas de sus obras.

LA GÉNESIS DE LA CONDUCTA EMOCIONAL

Métodos como los que acabo describir nos dan control sobre las vísceras órgano a órgano. Son estrictamente experimentos de laboratorio. Nos ofrecen una ayuda limitada en el manejo de la conducta emocional en nuestro día a día, ya sea con nuestros hijos, nuestros pacientes, o nosotros mismos. Fue esta necesidad la que nos llevó en el laboratorio de John Hopkins al estudio del origen y el crecimiento de los patrones emocionales de conducta en los niños desde el nacimiento hasta que se establecen los principales hábitos emocionales, una edad que yo sitúo como mucho en los dos años.

¿Cuáles son los estímulos *incondicionados* (situaciones) que despertarán patrones de reacción visceral *incondicionada* en el recién nacido (conducta no aprendida)? ¿Son las situaciones numerosas y los patrones de reacción variados y complejos? Y dada la respuesta al número y tipos de reacciones que encontramos al nacer, y dadas las situaciones que suscitan estas reacciones antes de todo entrenamiento, ¿cómo se complica nuestra vida emocional? Por último, una vez que se ha complicado, ¿podemos idear métodos para descondicionar o eliminar las respuestas emocionales? Estos fueron los problemas que nos ocuparon en Hopkins, donde tuvimos a nuestra disposición varios centenares de bebés.

Comenzamos nuestro trabajo sometiendo al bebé a cientos de situaciones que, por la observación de los adultos, sabemos que a menudo despiertan conductas emocionales. Coloque al recién nacido en la oscuridad, pásele un rayo de luz intensa por los ojos. Muéstrele muchas formas diferentes de animales, peludos, fríos, húmedos, viscosos, con plumas, escurridizos tales como peces, todos los que pueda encontrar por casa, en el laboratorio o en el zoo. A continuación, pruebe otra serie de situaciones. Sujételе la cabeza entre las manos, apriétele las rodillas, sujétele las manos firme pero suavemente a los lados. Deje que agarre un lápiz y luego suspéndalo en el aire sobre una almohada durante un momento. Sacuda la manta sobre la que duerme. Pruebe aún otra serie de situaciones. Mézalo, acarícielo, acaricie su piel, bésielo, sacúdalo suavemente sobre su rodilla. Haga todo esto al nacer, a las dos semanas de vida, al mes, a los tres meses, teniendo cuidado de saber todo lo que le ha ocurrido al bebé durante este tiempo.

Poco a poco parecen surgir ciertos hechos que describimos a continuación. Nótese, no obstante, que nuestros experimentos son aún demasiado escasos y muy pocos investigadores los han repetido para tener certeza científica sobre ellos.

(1) Aparentemente sólo dos estímulos provocarán ese patrón de conducta que llamamos respuesta de miedo. Uno es un *sonido fuerte*, el otro es la *pérdida de apoyo*. El golpeteo de una vajilla, las vibraciones estridentes de una barra de acero, el portazo repentino de una puerta, son los tipos de sonidos más eficaces. El otro tipo de estímulo, la pérdida de apoyo, se muestra mejor

cuando se sacude la manta de un bebé adormilado o tranquilo. La primera vez que el niño pequeño se mete en aguas profundas es otra buena situación. La reacción obvia fácilmente observable es una súbita respiración entrecortada, cambios marcados en los latidos del corazón y el ritmo respiratorio, llanto, lanzamiento de las manos hacia arriba. Mientras que las reacciones corporales (cambios intestinales) son profundas, el movimiento de manos, piernas, brazos y tronco (participación de los músculos estriados) son aspectos fáciles de observar. Podríamos escribirlo como una fórmula:

Estímulo incondicionado →	*Respuesta incondicionada*
Sonido fuerte	Miedo
Pérdida de apoyo	

Nunca hemos encontrado ningún otro estímulo que provoque miedo en un niño incondicionado. Los niños (no condicionados) no tienen miedo a la oscuridad, ni a la luz fuerte, ni a los animales peludos, ni a los objetos viscosos como serpientes, ranas, peces o gusanos. Cuando muestran miedo ante alguno o todos estos objetos es prueba de que el hogar los ha incorporado.

(2) La obstaculización de los movimientos de un recién nacido o de un niño pequeño pone de manifiesto el patrón de conducta que llamamos rabia. Sujete la cabeza suavemente en una posición, sujete los brazos a los lados o los pies juntos, no lo bastante violento como para magullar o provocar una reacción de dolor; pronto el cuerpo se pone rígido, comienza el llanto, cada vez más fuerte; finalmente, la boca se abre todo lo posible, la cara se ennegrece... de nuevo los cambios viscerales son violentos. Nuestra fórmula dice:

Estímulo incondicionado →	*Respuesta incondicionada*
Restringir movimientos corporales	Rabia

(3) Acariciar la piel en cualquier parte, pero especialmente alrededor de los labios, la cara, el pecho y en la zona sexual producirá un cambio profundo. Si el bebé está llorando, cesa el llanto, comienza la sonrisa, se produce una relajación de la tensión corporal; mientras que en un niño mayor se darán gorjeos y arrullos. Nuestra fórmula:

Estímulo incondicionado →	*Respuesta incondicionada*
Acariciar la piel	Respuesta afectiva, amor

La conducta emocional, por tanto, en el niño incondicionado es aparentemente una cuestión muy sencilla. Tres formas bastante marcadas de comportarse en presencia de cuatro tipos generales de estímulos. ¿Se trata de una simplificación excesiva? Posiblemente, pero este trabajo ha sido verificado por otros investigadores.

Si esto es todo lo que hay en la conducta emocional temprana, ¿cómo podemos explicar la complejidad posterior? ¿Cómo es posible que todos nos convirtamos muy pronto en las víctimas de nuestras emociones? ¿La vida emocional se vuelve más compleja en los niños mayores a través de la "herencia"? Este fue el problema que nos propusimos resolver a continuación.

No disponíamos de experimentos previos que nos guiaran en este punto. Apenas se había planteado la idea de construir y arrancar experimentalmente patrones emocionales. Recordando el trabajo de Pavlov sobre las respuestas condicionadas, nos planteamos la pregunta: ¿Pueden condicionarse las respuestas emocionales que implican a todo el sistema visceral (y ciertamente las emociones principales, el miedo, el amor y la rabia, implican no sólo a las vísceras sino a todo el cuerpo)? Tras algunos intentos infructuosos dimos con una técnica que nos permitió responder a esta pregunta.

Seleccionamos algún animal u otro objeto con el que el niño (de cualquier edad) haya estado jugando durante algún tiempo (algún objeto neutro como un juguete o un animal de compañía) que nunca haya despertado ninguna reacción emocional en el niño. A continuación, permitimos que un ayudante lleve este objeto al niño, como de costumbre, en una bandeja cubierta. En el instante en que se destapa el objeto y el niño empieza a manipularlo, un segundo ayudante golpea enérgicamente una barra de acero o un contendor metálico detrás de la cabeza del niño. Al instante el niño (digamos uno de nueve meses) se pone rígido, recupera el aliento, empieza a llorar, se cae y se aleja gateando. Tranquilizamos al niño, le dejamos jugar con los juguetes. Repetimos la prueba. Ocurre lo mismo. Tras unas pocas pruebas mostramos el objeto, pero no hacemos el ruido. *Al instante, el niño reacciona ante el objeto neutro exactamente igual que reaccionaría ante el ruido.* Se ha establecido una respuesta emocional condicionada. ¿Suena demasiado simple para ser la clave de todos nuestros problemas emocionales, demasiado simple para explicar todos nuestros miedos, aprensiones, temores y recelos de adultos? Ahora nos estamos bastante seguros, después de que muchos otros investigadores hayan confirmado este trabajo, de que el simple proceso del condicionamiento es suficiente para explicar la génesis y el crecimiento de toda la complejidad emocional. El hogar es el laboratorio donde se construye la complejidad. Las puertas se cierran de golpe, las persianas de las ventanas se levantan, los platos se caen de repente, los perros ladran en plena noche, suena el trueno... hay cientos de situaciones ruidosas que pueden servir y sirven como estímulos condicionantes. Este diagrama puede ayudar a aclarar los pasos.

Antes del condicionamiento

Estímulo incondicionado →	*Respuesta incondicionada*
Sonido fuerte	Miedo
Pérdida de apoyo	

Después del condicionamiento

Estímulo incondicionado ⟶	*Respuesta incondicionada*
Sonido fuerte Oscuridad Visión de animales peludos Vista de grupos familiares que carcajean y ríen Destello de luz Vista de juguetes en movimiento Vista del padre (que regaña al niño) Vista y tacto del agua (debido a la pérdida de apoyo) Vista de un lugar alto	Miedo

(La lista es interminable, no todos los niños temen estas cosas, ya que el ambiente de cada niño es diferente)

Siempre que un objeto (no un ruido fuerte), a través del condicionamiento, llega al punto en el que puede despertar miedo, puede utilizarse entonces en lugar del ruido fuerte para establecer otras reacciones de miedo condicionadas (respuestas condicionadas de segundo orden). Esto aumenta enormemente la probabilidad de que se establezca un gran número de respuestas condicionadas de miedo en condiciones domésticas ordinarias.

Las respuestas condicionadas de rabia y amor se desarrollan con esta misma sencillez. El niño se encariña con cualquier persona o cosa que lo acaricia, alimenta, baña o mece. La madre suele ser la persona que se afana en tales tareas, de ahí que el niño "ame" a su madre. Pronto la *visión* de la madre, el *sonido* de su voz y de sus pasos, la *visión* de su retrato o la *vista* de su ropa, o su cesto de costura o incluso la palabra impresa *madre*, es suficiente para suscitar las respuestas emocionales que se engloban bajo la expresión "amor filial". Más adelante, la *palabra madre hablada* o incluso la palabra *madre* "laringeada" (pensada) suscita el mismo patrón de respuesta emocional. El hecho de que este mismo amor por la madre sea responsable de un gran número de divorcios, de un innumerables matrimonios infelices, de incapacidad laboral, de dependencia e invalidez, no es suficiente para que las madres dejen de acariciar a sus hijos. Ni tampoco para que, una vez conozcan estas pruebas de laboratorio, empiecen a tratar a sus hijos (incluso a sus bebés) como *personas* y no como perros falderos u otros animales domésticos contentándose con que sus hijos se comporten ante ellos como ante cualquier otra persona bien educada*. Los conductistas han estado bajo el fuego constante de las madres del país durante los últimos diez años por este análisis bastante simple del amor. "*Desgraciados crueles e inhumanos* son los conductistas: carecen de sentimientos".

Nuestra opinión, pues, es que la conducta emocional es muy simple al principio; volviéndose compleja por condicionamiento. El condicionamiento en el hogar sigue su curso salvaje, impensado y sin vigilancia, de ahí que nuestra conducta emocional adulta sea descontrolada, desordenada e impredecible. Hoy en día, ¡incluso excusamos en parte el asesinato alegando que el asesino actuó bajo fragor pasional**!

Cuando llega la edad adulta, casi todos los objetos del universo están en cierta medida "cargados": tienen el poder de removernos las tripas. La "voluntad", el "intelecto", la "razón pura"... no tienen defensa alguna ante esta acción visceral y se centran en cambio en hallar "explicaciones" engañosas para justificar las acciones que ya fueron determinadas por nuestra emocionalidad. Los puritanos, los convencionales y los religiosos fueron condicionados en épocas pasadas contra cualquier forma de manifestación emocional, comenzando una era de represión que aún no ha terminado y que no terminará mientras siga en pie una iglesia, un colegio, una universidad, un tribunal o una prisión que mantenga tales valores. No estamos preparados para prescindir de ellos de la noche a la mañana, pero sí lo estamos, me parece, para empezar a hacer balance de tales instituciones. Puesto que no se puede legislar la desaparición de nuestras tendencias viscerales ni reprimirlas hasta anular su eficacia y asumiendo el hecho de que debemos vivir con ellas, ¿por qué no podemos entrenarlas para que se comporten de forma ordenada, como se comporta el resto de nuestro cuerpo? Si nuestro hijo teme a una o dos cosas, enséñele a temer esas cosas y

* *N. del E.:* el ocasional simplismo irresponsable de Watson adopta su mayor crudeza en estos comentarios sobre el desarrollo del apego infantil. Se ha criticado extensamente que tres de los cuatro hijos de Watson, supuestamente criados "a la manera conductista" intentaron el suicidio, uno de ellos falleciendo por este motivo. La investigación ha mostrado sistemáticamente una relación entre el estilo de apego y el riesgo de suicidio (ver, p.ej., Green et al., 2021 o Mikulincer, 1995). Existen testimonios fehacientes de sus hijos y nietos sobre ciertas formas de privación emocional seguidas por los Watson, por ejemplo, la ausencia de tacto o expresiones de afecto (Hannush, 1987; Hartley y Commire, 1988). Aunque es obviamente imposible establecer nexos causales entre los estilos de crianza en el hogar de los Watson y el comportamiento posterior de sus hijos, lo cierto es que estos alcanzaron un riesgo 16 veces superior a la media, tanto de intento de suicidio como de suicidio consumado (tomando como referencia el riesgo actual en EEUU; National Institue of Mental Health, 2024). Las opiniones de Watson sobre la crianza infantil aparecen en más detalle en *Psychological Care of Infant and Child* (Watson y Watson, 1928). Aparentemente, Watson se arrepentiría de haber publicado este libro posteriormente (Skinner, 1959).

** *N. del E.:* la doctrina del "fragor pasional" (*heat of passion*), similar a la noción de *enajenación mental transitoria*, modera la atribución de culpabilidad en casos de homicidio.

no otras. Si el niño debe temer a las serpientes, las arañas, los aviones, los cañones, los sables y los rifles, facilitemos repuestas de miedo ante esos objetos y no otros. Si no debe "amar" a su madre, impida que se formen lazos incestuosos. No es asunto del conductista decir lo que es bueno para la sociedad. La sociedad debe decidir lo que quiere que sus miembros sean y hagan; entonces, corresponde al conductista encontrar los métodos y la técnica que educarán al niño en la forma en que debe crecer.

Pero para llevar a cabo este objetivo debemos disponer de una técnica de *descondicionamiento*, a fin de eliminar ciertas reacciones emocionales, tanto como una técnica para implantarlas. Ya vimos anteriormente que la vida en el hogar, por muy cuidadosamente que eduquemos al niño, casi a diario estampa condiciones emocionales de un tipo u otro. Nuestro trabajo experimental sobre el descondicionamiento de las reacciones emocionales es tristemente escaso. Después de condicionar una respuesta de miedo, digamos, a un conejo, ¿cómo podemos eliminar ese miedo? ¿Hablando de ello (a la Freud), permitiendo que el niño se habitúe al conejo, ridiculizando al niño por su miedo, haciéndole ver a otros niños jugar con el objeto de que le produce miedo, instarle a permanecer cerca del conejo...? Todo tiene poco efecto para desarraigar la reacción. De hecho, no tuvimos éxito en este empeño hasta que introdujimos las respuestas viscerales como parte del experimento.

Nosotros (la Sra. Mary Cover Jones de la Fundación Heckscher fue la primera en hacer esta prueba) conseguimos una habitación de unos cuarenta pies de largo*. En un extremo sentamos al niño en una pequeña mesa. Sobre la mesa colocamos el almuerzo del niño, pero lo cubrimos con una servilleta. En el otro extremo de la habitación colocamos el conejo en una jaula de alambre oculta a la vista del niño. Entonces, de repente, el almuerzo y el conejo se mostraron simultáneamente. Si el conejo estaba lo suficientemente lejos el niño empezaba a comer. Si estaba demasiado cerca se detenía. El conejo se mantenía en un "punto de tolerancia". Al día siguiente se acercaba ligeramente el conejo; así se avanzaba en el punto de tolerancia. Al cabo de unos días se colocó el conejo sobre la mesa y uno o dos días después en brazos del niño. El miedo había desaparecido para siempre. No había trastornos intestinales, ni náuseas, ni vómitos, ni indigestión. El intestino se mantuvo ocupado y ordenado cumpliendo con su deber biológico durante todo el experimento. Desde que se realizaron estos experimentos se han probado muchos similares en el hogar. Nadie puede decir hasta qué punto este tipo de método puede tener efectos universales. Tengo las mayores esperanzas puestas en él incluso para el recondicionamiento de adultos.

* *N. del E.:* véase *A laboratory study of fear: the case of Peter* (Cover Jones, 1924). Watson es mencionado como editor y supervisor del trabajo.

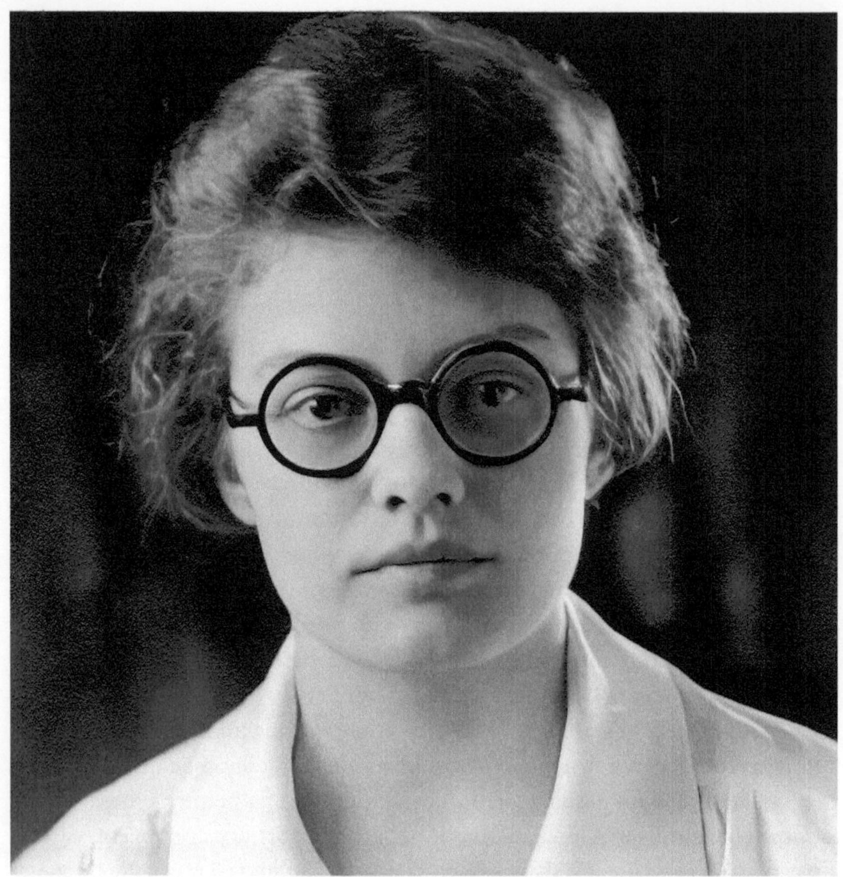

Mary Cover Jones (ca. 1920).
Crédito: Association for Behavioral and Cognitive Therapies.

El conductista es el primero en admitir que ha construido una superestructura teórica extraordinaria sobre una base de resultados experimentales muy escasos. Aun así, su posición es la única que cuenta con algún apoyo experimental. Si su punto de vista es correcto, entonces podemos esperar una verdadera atención prestada en el hogar al condicionamiento y al descondicionamiento de respuestas emocionales infantiles. Ya no bastará con enseñar las *tres erres**; a ellas debemos añadir una *E***. De ser así llegará un momento en que se considere de mala educación tener miedo, enfurruñarse, ser demasiado o demasiado poco emotivo, retraído, sensible, o quejica, mostrar afecto a la madre, al

* *N. del E.:* en referencia a la lectura, escritura y aritmética (*Reading, wRiting, aRithmetic*).

** *N. del E.:* entiéndase de emoción o reacción emocional.

padre o a otros miembros de la familia, al igual que hoy consideramos de mala educación acudir a la mesa sin haberse lavado las manos, comer con cuchara aquello que requiere tenedor, o dar el trato de *señorita*, en lugar de *señora*, al mencionar un marido a su esposa delante de sus colegas.

El conductista, pues, ha dado a la sociedad el patrón aproximado de una nueva arma para controlar al individuo. ¿Utilizará esta arma, cuando esté perfeccionada, para aplastar todo lo que es diferente en las personalidades humanas (anulando así todo lo que puede hacer a pesar de la "herencia" favoreciendo un conformismo generalizado)? ¿O utilizará este método con sabiduría?

Hasta ahora, contando los millones de años que la sociedad lleva moldeando las vidas humanas, se ha hecho un trabajo limitado. Seguimos estando muy cerca del salvaje. Quítele un poco el barniz verbal y los educados manierismos de manos, pies y tronco, y saldrá a relucir lo crudo y primitivo en nosotros.

El ser humano primitivo estaba bien adaptado para su tiempo. Nuestro argumento es que no se puede adaptar a este a la vida en América enseñándole inglés y la adecuada etiqueta de los gestos manuales. Es esencial entrenar también su actividad visceral. Esta es una de las razones de la inquietud del ser humano: tiene el habla y los modales de un Chesterfield y la conducta visceral de un "Emperador Jones"*.

En el próximo capítulo veremos cómo aborda el conductista el problema de la "Memoria".

* *N. del E.:* "Chesterfield"; alguien refinado y educado, en referencia a Philip Dormer Stanhope, cuarto conde de Chesterfield (1694-1773), autor de cartas sobre los buenos modales y la etiqueta. "Emperador Jones" se refiere a conductas básicas e instintivas en alusión al personaje de la obra de teatro de Eugene O'Neill *The Emperor Jones* (1920), quien, a pesar de su apariencia inicialmente segura y dominante, acaba sucumbiendo a sus miedos e instintos primarios. Existe una adaptación al cine de 1933.

4

La memoria tal y como la ve el conductista

La memoria, según la opinión popular, es un proceso psicológico de lo más inaccesible, uno de los secretos mejor guardados de la naturaleza. Es una facultad oculta de la mente. ¿Cómo puede el conductista dar alguna explicación objetiva de la memoria, o incluso estudiarla objetivamente?

Pero si el conductista no puede dar cuenta de la memoria, el conductismo se desmorona como sistema psicológico general.

¿Cuáles son los hechos sobre la memoria? Todos los psicólogos subjetivos, desde Aristóteles en adelante, se han enfrentado a ella, pero sus esfuerzos han sido por lo general en vano. Incluso William James, brillante pensador como era, definió la memoria en términos de conciencia, y luego definió la conciencia en términos de memoria (y otros procesos psicológicos como las sensaciones, las percepciones, los deseos, etc.). Si un pensador tan destacado como James abandona el problema usando un argumento circular, ¿qué fuerza tiene entonces la afirmación de los subjetivistas de que pueden dar un tratamiento adecuado a la cuestión?

El verdadero problema, según los conductistas, es que el problema se ha planteado de forma errónea. Se ha enunciado de tal manera que no se puede realizar ningún ataque experimental sobre él. Los conductistas afirman ahora que no existe ninguna *facultad o proceso de memoria*: sólo existe *aprendizaje* y la pérdida de habilidad que se produce por la falta de práctica. ¿Esta negación de la existencia de la memoria se apoya en observaciones o es sólo una forma de descartar algo que molesta y veja a los conductistas?

Para justificar nuestra afirmación de que no existe ningún *problema de memoria*, volvamos atrás y estudiemos al niño durante un tiempo, uno de los procedimientos metodológicos favoritos del conductista. Tengo ante mí a un niño de un año y medio. Le doy un pequeño cochecito para niños. Al principio no puede hacer nada con él, pero está bien formado muscularmente y pronto empieza a aprender a manejarlo. En un mes está volando por todas partes, empujando su coche cuesta arriba, montándose en él y luego lanzándose cuesta abajo. A continuación, le quito el coche y le dejo pasar seis semanas sin montar en él. Transcurrido este periodo planteo la pregunta: "¿Tiene este niño algún recuerdo de cómo montar en su cochecito?". Preguntémosle. "¿Recuerdas cómo montar en tu cochecito?". Responde: "¿Montar en cochecito?". Hagámosle una pregunta similar: "¿Recuerdas cómo se conduce un cochecito?". Responde: "¿Conducir un cochecito?" Este enfoque no será de gran ayuda. En otras palabras, nunca podrá averiguar interrogándole si recuerda cómo se conduce o no. Pero, ¿no habremos planteado nuestro problema bajo la influencia de nuestras viejas inclinaciones filosóficas? Lo que queremos saber es: ¿puede montar ahora en el coche para niños después de dos meses sin practicar? Si no lo hace tan bien como el día que lo retiramos, ¿entonces en qué grado puede aun hacerlo? En el momento en que planteamos nuestro problema de esta manera se convierte en un problema objetivo. Puedo responderlo mediante un experimento. Le subo al coche y le digo: "¡Adelante!". Si sale disparado, el espectador dice: "Lo recuerda, ¿verdad? ¿No es la memoria algo maravilloso?". En la vida cotidiana no necesitamos llevar un registro preciso del aprendizaje o de la pérdida de eficacia de este por falta de práctica. Pero los conductistas cuando recurren a su laboratorio deben hacer precisamente esto. No necesitan haber hecho ninguna pregunta al niño. Habrían planificado su experimento científicamente. Antes de quitarle el coche al niño, habrían obtenido un registro exacto del número de segundos que tardó el niño en su último paseo en pedalear el coche cien pies en un tramo llano de pavimento de cemento liso. Habrían tomado también un registro del número de errores en este último trayecto (por ejemplo, grado de desviación del coche de una línea recta). Después de devolver el coche al niño, los conductistas habrían cronometrado el primer viaje del niño sobre el mismo recorrido y habrían tomado nota de los errores. En lugar de encontrar un rendimiento perfecto, descubren que el niño condujo su cochecito a una velocidad del 80% con respecto al momento previo a la retirada y con una precisión del 70%.

Si hay algún misterio en todo esto, es un misterio de nuestra propia creación. Tal y como el conductista ve el problema hay tres aspectos a considerar: (1) El estudio de la adquisición de la habilidad para montar en el cochecito, (2) la falta de uso de la función con la consiguiente *pérdida de velocidad y precisión en el desempeño*, y (3) el proceso de *reaprendizaje*, es decir, el tiempo y la cantidad de esfuerzo que se necesitan para recuperar la precisión original. Cada etapa aquí puede medirse con la misma precisión que la temperatura o la pluviosidad. Cada paso es experimental.

Pero seguramente esta no es la historia completa. Tomemos a un niño mayor. Enseño a mi hijo de ocho años a montar en una bicicleta normal. Al cabo de dos meses puede subir y bajar cuestas en cualquier lugar del barrio. Le quito la bicicleta. Al cabo de dos meses le digo: "James, ¿recuerdas cómo montar en bicicleta?"*. Me contesta: "Claro que sí, padre, puedo montarla tan bien como el día que me la quitaste". Ahora el profano y, por desgracia, también el psicólogo introspectivo dicen: "Te lo dije, existe un proceso de memoria. El niño de ocho años lo tiene más desarrollado que el de un año y medio. ¿Cómo explican esto los conductistas?". Veamos, el conductista, había cronometrado cuidadosamente el último recorrido de un cuarto de milla del niño de ocho años antes de quitarle la bicicleta y habrá hecho un registro de los errores de ese trayecto. Al cabo de dos meses vuelve a darle la bici al niño y cronometra un nuevo trayecto de idéntica distancia registrando también los errores. De nuevo comprueba que ha habido una pérdida apreciable tanto en velocidad como en precisión. El informe verbal del niño no era, pues, un índice adecuado de la pérdida de desempeño por falta de práctica.

¿Cuál es la principal diferencia entre el niño de un año y medio y el de ocho, una diferencia en alguna facultad de la memoria? En absoluto. El niño de ocho años, cuando aprendió a montar en bicicleta, es decir, aprendió a utilizar manos, piernas y tronco de una forma característica, *aprendió también a hablar sobre ello*, es decir, aprendió a montar tanto manual como verbalmente. A cualquier edad pasados los tres años, adquirimos hábitos verbales casi universalmente cuando de forma paralela a cualquier hábito motor. Pero adquirimos muy pocos hábitos verbales antes de los tres años. Esta es la razón por la que nunca "recordamos"... nada antes del tercer año de nuestra vida. No podemos verbalizar nuestros primeros hábitos: el condicionamiento verbal no ha avanzado lo suficiente. Por esta razón debemos mirar con cierta reserva las afirmaciones de los psicoanalistas que afirman que mediante el análisis pueden revivir recuerdos infantiles de acontecimientos que tuvieron lugar demasiado pronto para que se haya producido la verbalización (véase el capítulo 6). La única forma de comprobar si un lactante, demasiado pequeño para verbalizar, tiene algún recuerdo es volver a ponerlo en una situación anterior y ver si realiza las acciones que eran propias de esta.

II

Lo que los psicólogos introspectivos suelen entender por memoria es que la parte verbal de la mayoría de nuestros hábitos está siempre a flor de piel. Consideremos los deportes, cuando jugamos al golf ponemos en marcha las configuraciones adecuadas de brazos, piernas y manos para conducir la pelota por el

* *N. del E.:* la referencia parece real, aunque James B. Watson tenía unos cuatro o cinco años al momento de aparecer este libro. El caso de James es notable por haber dejado varios testimonios sobre sus padres y la educación que él y sus hermanos recibieron (ver Brewer, 2002 y Hannush, 1987).

campo. Pero mientras adoptamos tales posturas motoras, también adoptamos los correspondientes hábitos verbales. Un desconocido se acerca y nos pregunta en un día nevado de invierno: "¿Sabe jugar al golf?". Inmediatamente entablamos una conversación animada pero unilateral. Hablamos de *drives*, *brassies* y *lies*, golpes de *niblick*, *putts*, obstáculos de agua, *bogie* y *par*. De hecho, la mayoría de nosotros jugamos "verbalmente" en invierno un partido de golf mucho mejor que el que podemos jugar con nuestros palos en el campo durante el periodo estival. La única forma de comprobar si nuestro juego real cuadra con nuestra conversación es ir al campo. Socialmente, no es de buena educación hacer esto. En la vida real todos aceptamos el desenvolvimiento del hábito verbal en su valor nominal (manual). Pero cuando no hay un hábito verbal establecido no hay forma de probar la "memoria" sin poner incluso al adulto en la antigua situación en la que se formó el hábito. Supongamos que enseño a jugar bien al golf a un sordomudo que no sabe leer ni escribir. Supongamos que le pregunto si sabe jugar al golf. El sordomudo, por supuesto, no puede hablarle de su juego. No tiene hábitos verbales. La única forma que tiene de demostrar que sabe jugar al golf es ir al campo, tomar su palo y empezar a jugar.

Se puede argumentar que estos casos no son típicos. Fijémonos por un momento en un hecho cotidiano. Al cruzar un día la Quinta Avenida se encuentra de repente con un hombre. Sin dudarlo, se apresura hacia él y le dice: "Hola, Bill, hacía veinticuatro años que no te veía... desde que jugábamos al fútbol en la Universidad de Chicago. ¿Recuerdas el partido de Acción de Gracias que ganamos a Michigan por un tanto en propia puerta?".

¿No es ésta una maravillosa proeza de la memoria, algo diferente del caso que acabamos de examinar? La respuesta es: en absoluto. Hace años, usted aprendió sobre Bill Jones igual que aprendió sobre cualquier otra cosa. Estableció hábitos de reacción ante él y hábitos verbales con él. Usted adquirió estos hábitos verbales con y sobre él al mismo tiempo que adquiría sus hábitos deportivos. Al cabo de veinticuatro años, su carrera deportiva ha terminado, pero su organización verbal sobre el fútbol americano aún permanece, no perfecta, pero lo suficientemente intacta como para salir a la superficie en el momento en que aparece la cara de Bill. Lo más probable es que su organización verbal para este periodo de su vida también se haya visto perjudicada, más de lo que usted se sienta inclinado a admitir, ya que en la siguiente esquina puede encontrarse con George, que también pertenece a sus días de jugador universitario. Puede que incluso se abalance sobre él y empiece a darle la mano. Puede que entonces empiece a tartamudear, y a dar rodeos. Su nombre no sale. Recurres a la vieja coartada: "Tu cara me resulta familiar, nunca olvido una cara, pero no consigo recordar tu nombre". Mientras estuvo en la Universidad con él a diario sus reacciones verbales hacia él fueron perfectas. Tras veinticuatro años de desuso, la velocidad y la precisión de las respuestas verbales han disminuido. El hecho de que la visión de Bill le llamara por su nombre y que el rostro de George no le llamara por el suyo llevaría a los freudianos a decir que había ciertos elementos en su antigua asociación con George que provocaron una "supresión". No entraremos ahora en cuánto hay de verdad en este punto de vista. Sin embargo, los conductistas sí desean dejar constancia de que sus experimentos prueban que el mero *desuso de una función*, cualquier función, normalmente traerá consigo una pérdida en la velocidad y precisión de esa función. Sus experimentos en psicología comparada les convencen de que incluso los animales (tan modestos en la escala zoológica como la rata) muestran que el desuso de una función conlleva el mismo tipo de pérdida de velocidad y precisión de ejecución en sus reacciones que observamos en el ser humano, y parece impensable que pueda haber una verdadera función de supresión en el mundo animal.

La llamada pérdida de memoria (hablo aquí de casos normales) proviene aparentemente de la desintegración gradual de ciertos sistemas motores (integraciones) que se establecieron a lo largo del proceso de aprendizaje del individuo. Incluso las pirámides se desintegran con el tiempo. Intente pensar en un jugador de tenis que gradualmente, a través de la práctica, ha acumulado una habilidad maravillosa para este juego. No hace otra cosa que jugar al tenis. Todo su cuerpo está organizado para ello. Piense en la complejidad de los sistemas musculares de su brazo derecho desarrollados sólo para este tipo de acción. Supongamos ahora que a los veintiocho años tiene que ganarse la vida ejerciendo el oficio de herrero. El golpeteo del hierro sobre el yunque con el pesado mazo exige, sin duda, el uso de otras configuraciones de esos mismos músculos que se utilizaran para jugar al tenis. La herrería anquilosa los músculos y los fija y endurece. Endurece los tendones que pierden su flexibilidad y elasticidad. La edad ayuda en el proceso de endurecimiento. ¿Es de extrañar que dos años de herrería le incapaciten totalmente para jugar al delicado juego del tenis? La organización de todo su cuerpo ha cambiado.

A menudo los campeones en actos de destreza parecen deteriorarse rápidamente a pesar de la práctica. Esto es especialmente cierto en este país, donde los campeones son mimados y consentidos. Generalmente los horarios disipados, la molicie, el exceso de comida, son los factores que ni siquiera la práctica puede combatir con éxito. En inusual excepción, varios de los jugadores de golf británicos casi han desafiado la mano rígida del tiempo*.

Tampoco es diferente la situación en la que el aprendizaje original fue casi totalmente verbal. El profesor universitario de discurso áurico cuyos conocimientos parecían casi ilimitados, puede perder fácilmente esta organización por desuso. Supongamos, por ejemplo, que, debido a alguna exigencia, el

* *N. del E.:* Referencia al llamado *gran triunvirato:* Harry Vardon, John Henry Taylor, and James Braid.

profesor debe ejercer de vendedor ambulante o agente de seguros durante tres años. Vuelve a intentar dar una conferencia sobre su especialidad, y lo hace con gran esfuerzo. Resulta un fracaso. O bien debe leer el trabajo de otros y continuar con nuevos experimentos propios, o renunciar a impartir en el campo en el que una vez fue una autoridad. Los sistemas (neuro)musculares de nuestro cuerpo son limitados; a menos que podamos mantenerlos ejercitados en nuestras especialidades, deben desintegrarse y los músculos individuales reunirse en nuevos sistemas.

Por supuesto, este proceso de desintegración de los sistemas musculares también puede ser afortunado. Nos ahorra cargar durante mucho tiempo con un sinfín de organizaciones verbales y motoras inservibles. Si tuviéramos que permanecer organizados para hacer todo lo que hemos aprendido desde la infancia hasta la edad adulta, la vida se convertiría en una carga tanto para nosotros como para quienes nos rodean. Lo cierto es que a los cuatro años abandonamos muchos de los hábitos de los tres; a los ocho, muchos de los hábitos que adquirimos a los siete. Por desgracia, arrastramos demasiadas de estas organizaciones infantiles y pueriles hasta la etapa adulta. Esto es especialmente cierto en el caso de nuestra organización emocional infantil. Lloramos cuando se hieren nuestros sentimientos del mismo modo que llorábamos cuando nuestras madres nos regañaban. Nos enfadamos o lloramos cuando alguien no nos saluda cordialmente o elogia, igual que nos enfadábamos o llorábamos cuando nuestros padres no nos decían "niño bueno". La masa de organización que se nos permite arrastrar de nuestra vida infantil es uno de los aspectos más trágicos de nuestra constitución.

Ésta es la visión de la memoria del conductista.

III

Pero aquellos que fueron formados bajo el antiguo sistema en el que la memoria se convertía en una especie de *Deus ex machina* pueden encontrar esta visión muy incompleta. Pueden pensar que es solo relevante a los llamados recuerdos motores y los recuerdos verbales. Echa de menos que hablemos de "memorias visuales", "memorias auditivas" y similares, tan discutidas en los círculos psicológicos y educativos desde hace años, antes de que el conductismo entrara en escena a importunar a los fundamentalistas. Usted cuestiona al conductista: "¿No está mi 'mente' a menudo inundada de 'imágenes mentales' (imágenes visuales) de escenas de mi vida pasada? ¿Acaso no puedo imaginarme casi con exactitud fotográfica personas, lugares, cosas con las que me he encontrado en mi vida pasada al cerrar los ojos? ¿Y no puedo entrar en una habitación tranquila y que mi mente se llene de nuevo con la melodía que escuché en el concierto de la noche anterior (imágenes auditivas)?"

Ésta era sin duda la opinión más afianzada de los psicólogos; en ella creen cientos de profesores de psicología de nuestras universidades hoy en día. Para ellos no sólo existe la percepción de las cosas cuando los objetos están presentes para los sentidos, sino también un mundo de imágenes mentales de estas mismas cosas que llegan a la mente cuando los objetos ya no están ahí para estimular nuestros órganos sensoriales. Obtenemos estas imágenes, según nos dicen, cuando un sistema cerebral excita otro sistema cerebral ("sensaciones" o "imágenes" excitadas *centralmente*). En otras palabras, creen que cuando el órgano de los sentidos y el cerebro están activos de forma conjunta, percibimos los objetos, pero cuando los órganos de los sentidos no están activos (no hay ningún objeto presente para excitarlos), entonces el propio cerebro puede activarse de forma independiente. Entonces sólo tenemos en la conciencia *imágenes de memoria* que pueden ser de tipo auditivo, visual o cinestésico. Hasta aquí la ortodoxia.

Pero el conductista, tras haber hecho tabla rasa del sinsentido llamado conciencia, vuelve a la carga: "Demuéstreme", le dice, "que tiene imágenes auditivas, visuales o cualquier otro tipo de procesos inmateriales. Hasta ahora sólo tengo su palabra no verificada ni respaldada de que efectivamente los tiene". La ciencia debe tener pruebas objetivas en las que apoyar sus teorías. El conductista, por el contrario, funda sus sistemas sobre la creencia apoyada en cada punto por hechos fisiológicos conocidos; *el cerebro es estimulado siempre y únicamente desde el exterior por los órganos de los sentidos.* El sistema nervioso funciona sólo en arcos: primero el órgano sensorial es estimulado por un *objeto* desde el *exterior* o a través del movimiento de nuestros músculos y glándulas en el interior. El impulso viaja al cerebro y del cerebro a los músculos o glándulas. Siempre que hay actividad por parte del organismo uno o varios de estos arcos completos están funcionando. En otras palabras, siempre hay un objeto que nos estimula; si no es una silla o una mesa, entonces algún proceso orgánico o muscular como el proceso muscular de la garganta que utilizamos al susurrarnos a nosotros mismos (pensamiento).

¿Qué ocurre entonces con las imágenes? Pues que siguen siendo algo no demostrado, mitológico, producto de la terminología del psicólogo. Si nuestro vocabulario cotidiano y toda la literatura no se hubieran enredado tanto en esta terminología, no oiríamos hablar de imágenes. ¿Qué tenemos en su lugar? ¿Qué quiere decir una persona cuando cierra los ojos o los oídos (en sentido figurado) y dice: "Veo la casa donde nací, la cuna de la habitación de mi madre en la que dormía; incluso puedo ver a mi madre cuando viene a arroparme y hasta puedo oír su voz cuando me da suavemente las buenas noches?"

Conmovedor, por supuesto, pero inaceptable. Solo estamos dramatizando. El conductista no encuentra en ello prueba alguna de imágenes mentales. *Hemos puesto todas estas cosas en palabras hace mucho, mucho tiempo* y ensayamos constantemente esas escenas verbalmente cada vez que surge la ocasión. Un sordomudo educado puede contar una historia igual de dramática. La señorita Helen Keller*, cuando escribe, imagina los colores de la puesta de sol con tanta belleza como si hubiera contemplado puestas de sol todos los días de su vida. Ella puede describir, cuando escribe, las bellezas de los bosques otoñales de forma mucho más dramática de lo que yo podría lograr. La cuestión es que cuando estamos en presencia de paisajes verbalizamos, cuando estamos en conciertos verbalizamos. Al día siguiente podemos empezar y decirnos a nosotros mismos o a otra persona: "¿No tocó Kreisler maravillosamente ese pasaje de la *Chaconne* de Bach**?". Y lo primero que sabemos es que lo estamos tarareando en voz alta o, al menos, fraseando muscularmente de forma subvocálica. No necesitamos imágenes visuales, no necesitamos imágenes auditivas, no necesitamos ningún tipo de imágenes para dar cuenta de ninguna parte de nuestra llamada vida "mental" interior. La verbalización que puede tener lugar en voz alta, en un nivel susurrado o en un nivel aún más bajo (el del pensamiento), ocupa el lugar de todas las llamadas imágenes de la memoria. Lo que queremos decir con ser conscientes de hechos que han ocurrido a lo largo de nuestra vida es que podemos mantener una conversación sobre ellos, ya sea con nosotros mismos (pensamiento) o con otra persona (conversación).

Pero, ¿qué sucede con el problema del pensamiento?

* *N. del E.:* Hellen A. Keller (1880-1968), escritora y activista sordociega americana.

** *N. del E.:* Fritz Kreisler (1875-1962), famoso violinista autríaco-americano.

5

Cómo pensamos: El punto de vista conductista

Una de las preguntas que con más frecuencia se plantean al conductista es: "¿Cómo da cuenta del pensamiento en su teoría?, ¿cómo puede observarlo objetivamente?".

Para los antagonistas al conductismo esta pregunta es supuestamente incontestable. Incluso aquellos que se acercan al conductismo de forma amable no están aquí muy seguros del terreno que pisan.

Teniendo en cuenta el tipo de fluido filosófico del que todos nos hemos empapado, inicialmente es difícil seguir al conductista. Por el contrario, es fácil entender cómo puede observar objetivamente toda actividad manifiesta (jugar al golf, al tenis, nadar, cortar leña, poner ladrillos, etc.) y creer que se han obtenido resultados valiosos de trabajos realizados en este ámbito. Incluso un estudiante tan crítico como Bertrand Russell admite que esta parte de la teoría conductista es sólida. Pero cuando se trata del pensamiento, el caso de los conductistas parece mucho más difícil de establecer. La dificultad estriba en que cuando se piensa el cuerpo parece inactivo, parece no estar comportándose. Por lo tanto, el pensamiento y los procesos relacionados deben ser realizados por el cerebro (o la mente) y no por todo el cuerpo. Deben ser "mentales". La distinción entre la actividad puramente "mental" y la actividad física parece muy real para el profano.

Pero el conductista no admite tal distinción. Sostiene que se ha creado demasiado misterio en torno al "pensamiento". Desde la época de Descartes, el "pensamiento" ha sido elevado en un pedestal. Debemos adorar a los pies de esta imagen, pero no debemos intentar comprender su esencia. *Cogito ergo sum* fue la llamada de obediencia de Descartes. Pero la lógica defectuosa de la frase mística "pienso luego existo" es demasiado obvia. Fue articulada sólo para convencer a los padres de la iglesia de que podía proporcionar un lugar para el alma en su filosofía.

Los dogmas filosófico-religiosos de este tipo nos han disuadido durante mucho tiempo de hacer incluso una formulación lógica decente de la forma en que se desarrolla el pensamiento. A lo largo de los tiempos, los religiosos y otros actores sociales con acervo espiritual tales como curanderos y sanadores, han mantenido al público bajo control haciéndole creer que todo lo que no puede observarse fácilmente debe ser misterioso, debe ser una medicina trascendente, algo mucho más poderoso que las cosas que pueden observarse. El motivo es obvio. Es la única forma que ha tenido el hombre espiritual de mantener su control sobre el individuo. La ciencia casi ha debido de abrirse camino a cañonazos a través de este muro de protección religiosa. Lo ha destruido con éxito en el campo de los fenómenos físicos; ahora está resquebrajándolo en el campo de la biología. Pero en el campo de la psicología, las detonaciones científicas, ¿acaso serán inútiles para despejar los conceptos erróneos que en ella abundan? Esto es especialmente cierto en el ámbito del pensamiento.

El conductista ofrece una teoría del pensamiento simple, clara, directa y científica. Es tan directa, tan realista, que incluso los psicólogos introspectivos, amantes del misterio, encuentran dificultades para comprenderla, por no hablar de aceptarla.

La teoría conductista del pensamiento se basa en el modo en que se forman los hábitos verbales durante el *condicionamiento* de palabras. Tomemos el hábito de palabra más precoz registrado hasta ahora experimentalmente: uno formado a los seis meses de edad en el bebé B*. En sus balbuceos oía a menudo el sonido *da*. Decidí intentar, incluso a esta temprana edad, que esta palabra *sustituyera* a un objeto: un biberón de leche. Esperaba a su lado con el biberón a mi espalda hasta que se le ocurría balbucear "da", entonces le introducía el biberón en la boca. Esto lo repetí una y otra vez. Pronto decía "da" cada vez que le enseñaba el biberón. Cuando el condicionamiento fue completo, la palabra "da" llegó a provocar las mismas reacciones que la visión del biberón**. Si me hubiese quedado siempre en silencio y hubiera sido su único cuidador, podría haber construido de este modo un lenguaje totalmente nuevo en él, diferente del mío o de cualquier otro lenguaje conocido. En lugar de alimentarle, podría también haber construido la palabra condicionándola mediante castigo. Una de sus primeras palabras establecidas de este modo fue *hot* (caliente). Gateando cerca de un radiador caliente lo tocó, retiró la mano, se arrastró lejos de él y lloró. Justo cuando lo tocó, pronuncié en

* *N. del E.:* pese a lo que pudiera parecer, esta no es una referencia a Albert B., el *pequeño Albert*, reconocido como Albert Barger (1919-2007) recientemente (ver Harris, 2020 y Powell et al., 2014). B es en realidad su hijo Billy (1921-1954), según testimonio de la actriz y nieta de Watson, Mariette Hartley (Hartley y Commire, 1988, págs. 39-40). Por tanto, esta observación puede datarse en 1921 o 1922 (véase *Conductismo*, 1930/1947, págs. 222-224, 260-262 y 294-295, para otras observaciones sobre el *sujeto B*).

** *N del E.:* Watson se adelanta aquí en seis décadas al procedimiento de enseñanza de la operante verbal *mando* (ver, por ejemplo, Hall y Sundberg, 1987).

voz alta la palabra "hot". Después de dos sucesos accidentales de este tipo, sólo la palabra "hot" le hacía retroceder y lanzar sus manos detrás de su espalda. En cuanto se acercaba al radiador gritaba "hot" y retrocedía.

Mediante este sencillo proceso de condicionamiento (mostrando el objeto y pronunciando en voz alta la palabra) procedimos a construir un vocabulario. A medida que aprendía a manipular objetos (naranja, manzana, botella, hombre, perro, etc.), aprendía las palabras convencionales que también podía manipular, decir en voz alta o repetir una y otra vez. Ahora bien, estas palabras pronto llegaron a suscitar en el niño las mismas reacciones que los objetos con los que estas estaban condicionados. Algunos de nuestros objetos suscitan reacciones violentas. Las palabras condicionadas por estos objetos también despiertan reacciones fuertes: "Cuidado, hay una *serpiente* detrás de ti"; "hay una *araña* entrando por tu manga". Las palabras condicionadas a situaciones que desencadenan acciones llegan a excitar la acción por sí mismas (p.ej., "levántate", "siéntate", "atención", etc.). Así pues, las palabras son equivalentes a los objetos en la activación del comportamiento. Las palabras son, pues, sustitutas de los objetos. Una vez se forman las palabras, el humano dispone de dos mundos: un mundo de objetos y un mundo de palabras que sustituye a aquel. El hombre es el único animal que tiene estos dos mundos. Es el único animal que se lleva su entorno a la cama en forma de sustitutos verbales. Lo conserva consigo en la oscuridad; lo conserva, aunque pierda la vista. Puede manipular este mundo de palabras igual que manipula su mundo de objetos. No necesita espacio para albergar este mundo de palabras. También tiene sus inconvenientes. Los psicoanalistas y alienistas a menudo envían a sus pacientes lejos para que cambien su entorno; pero, por desgracia, el paciente lleva consigo su mundo verbal sustitutivo. Lleva dentro todos los viejos conflictos de su mundo objetal.

II

Ahora siga al conductista un paso más allá. El hombre reacciona no sólo a las palabras pronunciadas por otros y a las palabras leídas en los libros, sino también a *las palabras que él mismo pronuncia en silencio.* ¿Por qué se dice palabras a sí mismo? Porque ha sido condicionado a pronunciar palabras en voz alta y para sí mismo cuando se encuentra en presencia de objetos y situaciones sobre los que las palabras estaban condicionadas. Al hombre, dado su carácter gregario, le resulta más fácil llevar consigo palabras que arrastrar la bolsa de objetos de Dean Swift*. Así, aprende a realizar la mayoría de sus reacciones de forma verbal.

* *N. del E.:* en referencia a los objetos que los habitantes de Brobdingnag encuentran en los bolsillos de Gulliver en el clásico de Jonathan Swift.

Esto allana el camino al pensamiento. La forma más simple de pensamiento puede observarse en el niño de tres años. Supongamos que espiamos por el ojo de la cerradura a un niño de tres años y escuchamos mientras observamos. Puede que tenga doscientas palabras en su repertorio. Ha sido condicionado tanto con frases como con palabras. Abre los ojos y, al ver que no hay nadie en la habitación, llama a mamá, a la niñera, a papá, a la muñeca, etc. Repasa su repertorio de palabras y frases. "Billy quiere desayunar", "Billy se va". A medida que crece, sus respuestas verbales se vuelven más complejas. Los padres están ansiosos por hacerle hablar. *Habla en voz alta sin cesar, incluso cuando no hay nadie cerca.* A medida que la familia se asegura de que no es idiota, ni tonto, se cansan un poco de tanto balbuceo y le gritan: "¡Cállate!" (seguido a veces con un pequeño azote). A partir de entonces, el niño murmura para sí mismo. Aún le oímos perturbar nuestra vida apacible y le decimos: "Por el amor de Dios, deja de murmurar". El murmullo da paso a las respuestas labiales y bucales: el murmullo silencioso. No podemos oírlo, pero lo vemos. Lo socializamos aún más: "¿No puedes dejar de mover los labios cuando lees y piensas?". A continuación, se produce la socialización completa. *El niño sigue hablando, pero ahora realmente habla consigo mismo. La verbalización se hace interior.* La única libertad que le queda reside en el reino silencioso de sus palabras inarticuladas (pero formadas muscularmente). Lo que ocurre tras la puerta cerrada de sus labios no concierne a la sociedad.

El pensamiento es entonces una forma de actividad corporal general tan simple (o tan compleja) como jugar al tenis. La única diferencia es que utilizamos los músculos de la garganta, la laringe y el pecho en lugar de los de los brazos, las piernas y el tronco. Si pudiéramos ver realmente el juego de los músculos del pecho, la garganta y la laringe cuando pensamos, no se suscitaría misterio alguno. No hay ningún misterio en el juego del tenis. Vemos cómo se producen los movimientos; podemos fotografiarlos de forma fidedigna con la cámara cinematográfica. Si los fotografiamos delante de una serie de líneas de referencia de dimensión conocida y mostramos un dispositivo de medición del tiempo en la película, podremos medir la amplitud de cada movimiento y cronometrarlo. Si pudiéramos medir y cronometrar de forma similar la musculatura de la garganta y el tórax, podríamos ver el resultado final (la palabra) del mismo modo que vemos la pelota de tenis golpeada de un lado a otro, y percibiríamos que el pensamiento es tan habitual* como cualquier otra actividad motora.

¿Usamos sólo los músculos del pecho, la laringe y la garganta cuando pensamos? ¿Jugamos al tenis sólo con el brazo derecho? Desde luego que no, lo hacemos todo con todo el cuerpo. Pero si de repente le corto un músculo del antebrazo derecho, la práctica del tenis se verá tristemente perturbada. El segmento del antebrazo derecho del cuerpo es el dominante y controla la práctica

* *N. del E.:* relativo a hábitos.

del tenis. Igual que los músculos de la laringe, la garganta y el pecho son dominantes en el pensamiento. Cualquier interferencia en estos, incluso un fuerte dolor de garganta, ralentiza el proceso de pensamiento. Pensamos con todo el cuerpo; el encogimiento de hombros, la respiración entrecortada, incluso las náuseas (condicionadas) que se producen en el estómago cuando estamos con personas que nos molestan, forman parte del comportamiento organizado que se ejecuta con los músculos internos. Asentir con la cabeza para decir "sí", sacudir a derecha e izquierda para decir "no", levantar las cejas y la cabeza y los hombros para decir "lo dudo", son también parte integrante del complejo proceso del pensamiento. Quizá sea mejor renunciar al término pensamiento y utilizar en su lugar el término *conducta implícita*. Deberíamos referirnos con ello a toda la conducta organizada (conducta aún objetiva) que tiene lugar en los músculos y glándulas de nuestro interior. Pero como el ser humano resuelve la mayoría de sus problemas con palabras, la mayor parte de nuestro comportamiento implícito es verbal.

Si nuestra tesis principal es razonable, objetiva y lógicamente ajustada, qué ingenuos parecen la mayoría de nuestros comentarios y tópicos sobre el pensamiento. "Cultive el proceso de pensamiento", "Aprenda a concentrarse". "La universidad es un lugar donde los hombres aprenden a pensar". *La verdad es que aprendemos a pensar aprendiendo a hacer.* No podemos pensar más agudamente, ni mejor, ni con más amplitud que la del mundo en el que hemos vivido. Aprendemos a pensar mejor a medida que aprendemos a hacer mejor, a medida que nos encontramos con nuevos objetos, nuevas situaciones, nuevas personas, nos metemos en dificultades y salimos de ellas. A medida que nos volvemos más y más hábiles con el martillo, la sierra y el cincel, pensamos mejor como carpinteros al verbalizar cada paso a medida que lo aprendemos. Por supuesto, el lego que no fue enseñado en su infancia a verbalizar sus actos permanecerá meramente como actor manual; cortador de madera o extractor de agua. A medida que nos volvemos más hábiles en la lucha contra el fuego, nos convertimos en mejores pensadores en materia de prevención de incendios. Los que vivimos entre gente culta tenemos que aprender a verbalizar todo lo que hacemos manualmente. A las rodillas de nuestra madre aprendemos a hablar de lo que hemos hecho durante el día. Este apoyo mutuo constante entre verbalización y acción explica la esterilidad de la filosofía, perdida en palabras que no son correlativas ni sustituibles por la acción manifiesta. Lo nuevo procede de los hacedores: el químico, el físico, el ingeniero, el biólogo, el hombre de negocios. Con ellos hacer lleva a pensar y pensar a su vez lleva a hacer. Con el poeta, el filósofo, el soñador diurno, el pensamiento no conduce a la acción, sino simplemente a otras palabras pronunciadas o pensadas; la cadena interminable de palabras nunca se rompe.

III

Y, ¿cuál es la evidencia a favor de la teoría conductista del pensamiento?

Su distinción más contundente es que ninguna otra teoría del pensamiento hasta ahora propuesta puede hacer el menor reclamo de cientificidad. Esta teoría conecta el pensamiento con otras formas de actividad humana. Alinea el pensamiento con otros actos de habilidad. Es una teoría que está de acuerdo con los hechos biológicos, físicos y fisiológicos conocidos.

Su evidencia de apoyo más fuerte procede del estudio del niño. Al principio, como hemos visto, hablar y pensar son acciones idénticas en el niño. A medida que el niño se socializa, sigue hablando en voz alta cuando se ajusta verbalmente a las personas, pero habla consigo mismo (subvocalmente) cuando está solo. Vemos en los adultos que nos rodean todas las transiciones: Las personas mal educadas piensan en voz alta incluso cuando están solas; las personas algo menos educadas murmuran en voz alta cuando están solas. Hay otro grupo que mueve sólo los labios cuando piensa. Un buen lector de labios puede leer a menudo lo que están pensando (lo que se dicen a sí mismos).

Las pruebas que tenemos del estudio de los sordomudos lo confirman. Hasta que no se les enseña el mundo de las palabras de una forma u otra, por ejemplo, mediante el uso de signos, se supone que son bastante "inhábiles". En cuanto se vuelven hábiles en el uso de las palabras, su "inteligencia" parece aumentar a pasos agigantados. Ahora bien, estas personas piensan utilizando los signos de las palabras; los utilizan incluso cuando están solas. He reunido pruebas considerables al respecto. Un individuo normal experto en el uso de signos, cuando se relaciona constantemente con sordomudos que están pensando, a menudo puede leer sus pensamientos observando los movimientos de sus dedos y manos. Esto es similar a lo que puede hacerse al leer los movimientos de los labios del individuo normal que no se ha socializado completamente. De nuevo, a medida que el sordomudo se socializa, los movimientos de sus dedos, manos y brazos se reducen en extensión por debajo del umbral objetivamente observable sin el uso de instrumentos. Por ejemplo, en el caso de Laura Bridgman* era imposible, cuando estaba tensa y con gente, leer sus pensamientos a partir de los movimientos de sus dedos; sin embargo, cuando estaba dormida y relajada, *sus sueños podían leerse, al menos en parte, a partir de los movimientos de sus dedos.*

Una prueba considerable es pedir a la gente que *piense en un problema en voz alta.* Antes de hacer esto, sin embargo, observe cómo aprenden a salir de un complicado laberinto que nunca han visto antes. Van dando tumbos, probando todos los callejones sin salida, volviendo sobre sus pasos hasta el punto de

* *N. del E.:* Laura Bridgman (1829-1889), primera sordociega norteamericana en adquirir el idioma inglés usando signos. En 1842 Charles Dickens, quien la visita, afirma sobre ella: "Tan fuerte parece ser la tendencia natural del pensamiento a asumir los ropajes del lenguaje, que a menudo hace soliloquios en el *lenguaje de los dedos*" (Dickens, 2008, pág. 32).

partida (volviendo al terreno ya trabajado), cayendo en errores en cada punto. Finalmente, tropiezan con el camino correcto. Ahora póngalos en un laberinto verbal y pídales que lo piensen. Muéstreles un objeto nuevo nunca visto y pídales que *piensen en voz alta* a cada paso y digan para qué sirve el objeto que tienen delante. Comienzan como una rata en el laberinto. "Está hecho de metal, pesa alrededor de un kilo, no se puede utilizar para eso debido a tal y tal cosa". Si la persona ciertamente desconoce esos objetos (es decir, tiene poca organización verbal sobre ellos) su pensamiento es lamentable. Observándoles perdemos el respeto por el pensamiento como un proceso altamente "intelectual". Descubrirá que su sujeto intentará casi de inmediato manipular el objeto con las manos. Si le deja la caja, juguetea con ella, habla de ella, la vuelve a manipular. Utiliza todo su cuerpo para resolver el problema. Su conducta es bastante parecida a la del pobre animal hambriento que tiene que abrir una nueva caja-problema antes de poder conseguir su trocito de comida. En tales condiciones, el ser humano se vuelve realmente humano. Empieza a situarse donde le corresponde -en una escala-, en la cima, sin duda, con otros animales, tanto con respecto a su hacer como a su pensar. La razón por la que algunos acusan una idea tan exaltada del ser humano es que nos enfrentamos a ellos es que les retamos dentro de su propio terreno, un terreno que domina tan a fondo que no es posible preguntar nada que requiera un nuevo acto de pensamiento. Este extrae sus respuestas tan rápidamente como usted podría responder a la pregunta ¿cuál es la raíz cúbica de 1000 multiplicado por 10 dividido por 2?

El uso de instrumentos demuestra que durante el pensamiento se produce algún tipo de actividad muscular en la región de la garganta y el pecho. Es cierto que no podemos conseguir que estas respuestas musculares se registren en cilindros de cera para después reproducirlas en un fonógrafo y que las palabras de nuestros pensamientos se pronuncien en voz alta. Pero aún podemos conseguir que estas respuestas musculares internas se registren de alguna manera igualmente objetiva.

No necesitamos esperar en psicología hasta que podamos registrar objetivamente las palabras que utilizamos al pensar. Cualquier pensamiento eficaz se producirá y debe producirse en la acción, ya sea en la acción de las manos, los labios, los brazos y el tronco, como cuando el inventor hace el primer modelo de madera de su plan ideado, o en palabras escritas, cuando el poeta escribe el poema que ya se ha susurrado a sí mismo. O en alguna declaración verbal manifiesta como "He pensado esto y creo que deberías aprovechar la oportunidad y hacer tal y tal cosa".

Después de todo, es asombrosamente poco lo que se piensa de verdad, un pensamiento real en el que, mediante la manipulación de nuestro mundo de palabras, se llega a nuevas conclusiones verbales que, a su vez, pueden servir de estímulos para hacernos cambiar y modificar nuestro mundo de objetos con las manos. La mayor parte de nuestra organización verbal es tan inflexible como los surcos del disco fonográfico. Encendemos los discos cuando estamos solos y los ponemos una y otra vez. Nuestro pensamiento no mejora. Esto se corresponde con lo que ocurre en nuestras acciones manifiestas. Pocos de nosotros a partir de cierta edad mejoramos nuestro golf, nuestro tenis, o nuestra habilidad en nuestra vocación. Nos volvemos perezosos en cuanto podemos desenvolvernos social y económicamente en el grupo en el que nos encontramos permanentemente. Únicamente cuando nos enfrentamos a este orden de cosas (y nos descubrimos inhábiles), solo entonces llega el ambiente a estimularnos lo suficiente para aprender de verdad con nuestras manos y a pensar de verdad.

Esta visión del pensamiento debería influir de algún modo en la educación de los jóvenes: ¿no deberíamos intentar que hicieran de la mañana a la noche, desde la más tierna infancia hasta la vejez, y no deberíamos intentar que *consolidaran adecuadamente en palabras su hacer diario?* El joven debería hacer la tabla de multiplicar antes de ponerla en palabras. Debería hacer primero su álgebra, su geometría y su física y luego formular inmediatamente sus problemas y soluciones en palabras. Deberíamos tener talleres de todo tipo en lugar de libros de texto. Cada alumno debería escribir su propio libro de texto a partir de su actividad en el taller, como una formulación verbal de lo que está haciendo. *Pensar* debería ser entonces equivalente al *hacer* en cada momento.

El objetivo del entrenamiento de los pensadores es darles tal dominio sobre su mundo de palabras que puedan manipularlo y sacar *nuevas* formulaciones verbales en forma de juicios o "conclusiones" que más tarde puedan poner sus manos a trabajar para moldear algún *objeto* nuevo en piedra, hierro, latón, aceite o arcilla.

Esta teoría no significa que todo aquel que espere ser un pensador deba ser primero herrero o carpintero o un trabajador manual. Si va a hacer cosas con su pluma debe viajar, leer libros, ir al teatro, en una palabra, vivir entre las situaciones que luego va a retratar y *debe organizar y consolidar en palabras su vida cotidiana sobre la marcha*, o de lo contrario, cuando llega el momento de *hacer*, de escribir o de pintar, se encontrará con que sus pensamientos están empobrecidos.

En el próximo capítulo abordaremos el problema de comportarse sin pensar, el llamado campo del "inconsciente".

6

El mito del inconsciente

¿Por qué el "inconsciente" es tan popular hoy en día entre los psicoanalistas y ciertos psiquiatras? Se ha escrito tanto sobre él que incluso el profano, si perdiera su inconsciente, se sentiría tan mal por ello como Peter Schlemihl cuando se separó de su sombra tras su pacto con el diablo*.

Los médicos popularizaron el "inconsciente" porque necesitaban algo que les ayudara a explicar las llamadas enfermedades "mentales". Si en los años ochenta del siglo XIX le hubiéramos pedido a un psiquiatra que nos hablara de las enfermedades "mentales", las habría imaginado como consecuencia de cambios degenerativos que tienen lugar en el cerebro. Si los cambios se debían a una infección de algún tipo, al crecimiento de tejido invasor, a un metabolismo defectuoso, a depósitos químicos en arterias y venas o a algún proceso químico destructivo posiblemente segregado por el propio organismo ("autointoxicación"), quizá no le hubiera importado aventurar una opinión. La demencia precoz y la paranoia eran enfermedades similares en cierto modo a la fiebre tifoidea y la malaria. Una de las dificultades para sostener esta opinión era el hecho pertinaz de que los patólogos eran incapaces, cuando se examinaba al paciente después de la muerte, de encontrar dónde y cómo estaba enfermo el cerebro. Nada parecía estar mal ni en el cuerpo ni en el cerebro. Al principio Breuer, y luego más completamente Freud, *introdujeron la idea de una mente enferma en un cuerpo sano*. Freud había sido entrenado en el misticismo de lo mental entonces vigente, según el cual la menta era una cosa o entidad distinta del cuerpo. Había sido formado, también, como médico, y eso significaba que tenía que pensar en términos de *entidades patológicas*. Puesto que no había nada malo en el cerebro de estos individuos "mentalmente" enfermos, entonces debía haber algo malo en la mente. Debe haber una verdadera *patología de*

* *N. del E.:* referencia al personaje de la novela de Adelbert de Chamisso, *Peter Schlemihls wundersame* (1814).

la mente. Debe haber algún *punto supurante*, algún agente debilitante corroyendo el tejido mental. Como el médico no podía localizar el punto supurante en la llamada "mente consciente" del paciente, inventó un sustrato de la mente en el que podía colocar con seguridad todos los problemas "mentales". A este sustrato lo llamó inconsciente. No está claro por qué Freud recurrió al vudú abandonando su inicial entrenamiento científico. Freud estaba versado en el Antiguo Testamento y había realizado amplias lecturas literarias. No se puede evitar acusarle de haber estado muy influido en su juventud por la fábula de los demonios que emprendieron el vuelo hacia los cerdos de Gerasa a la orden del gran maestro terapeuta con unas pocas palabras místicas. Con los antecedentes religiosos y médicos que tenía, posiblemente no sea tan extraño, después de todo, que nos diera el tipo de inconsciente que nos dio. Al igual que un objeto punzante cuando se traga en el estómago se aloja, sigue creando perturbaciones orgánicas hasta que se corta (o se incrusta completamente), del mismo modo a veces las "percepciones punzantes" o las "ideas" (aquellas que cuya concepción no podemos tolerar) se hunden a través del esófago en el estómago de la mente: el inconsciente. Allí el cuerpo extraño suscita problemas hasta que es eliminado por las tijeras y el bisturí del psicoanalista. Si el cuerpo puede infectarse, también puede hacerlo la mente.

Desde el advenimiento del conductismo en 1912, con su énfasis en la génesis y el crecimiento de la conducta, los analistas han intentado afirmar que Freud era un *genetista*. Nada más lejos de la realidad. Los primeros escritos de Freud no mencionan la palabra *formación de hábitos* o *condicionamiento*, y sin embargo estuvo expuesto al trabajo de los rusos y de la psicología animal mientras maduraba sus propias teorías. *Su teoría del inconsciente era y es una teoría completamente paralela al antiguo concepto de entidad de enfermedad.*

El nivel científico del concepto de inconsciente de Freud está exactamente a la altura de los milagros de Jesús. El científico puede decir esto a pesar de su veneración por Freud y su admiración por el valor de Freud al insistir en el papel que desempeña el sexo nuestra vida. Puede decir esto a pesar de que las enseñanzas de Freud han estimulado el pensamiento de todos los psicólogos y de todos los psiquiatras.

El conductismo, cuando apareció, no pudo encontrar ningún problema mente-cuerpo, no porque, como los avestruces, sus devotos esconden la cabeza en la arena, sino porque no tomaban en cuenta fenómenos que no podían observar realmente. El conductista no encuentra ninguna mente en su laboratorio, no la ve por ninguna parte en sus sujetos. ¿No sería entonces poco científico que especulase ociosamente sobre ella? Tan poco científico como los biólogos si se entretuvieran en la contemplación de entelequias, engramas y similares. Su mundo y el mundo de los conductistas están llenos de hechos, de datos que pueden acumularse y verificarse mediante la observación, de fenómenos que pueden predecirse y controlarse.

Si los conductistas tienen razón en su afirmación de que no existe un problema mente-cuerpo observable ni una entidad separada observable llamada mente, entonces no puede existir la conciencia ni su sustrato, el inconsciente. El concepto de Freud, tomado del misticismo y de la patología somática, se rompe. No puede haber ningún foco supurante en el sustrato de la mente (el inconsciente) porque hasta ahora no hay pruebas de que la mente exista.

Si no hay infección mental (no hay inconsciente que infectar), ¿qué puede encontrar el conductista en la ciencia natural para dar explicación a los hechos objetivos de la conducta observados por Freud?

En lugar del inconsciente vitalista freudiano, el conductista sustituye lo no verbalizado. También tiene un término opuesto: lo verbalizado. Esta sustitución de lo no verbalizado por lo inconsciente no es otra especulación descabellada. Comprobémoslo examinando la conducta humana.

El niño a los doce meses de edad recibe un mundo nuevo: un mundo de palabras. Domina este mundo lentamente. Se nombran todos los objetos con los que juega. Incluso los objetos que oye y ve, pero que no toca, son nombrados: el sol, la luna, las estrellas. El proceso por el que construimos con palabras se llama "condicionamiento verbal". Cada palabra llega finalmente a suscitar la misma respuesta que suscitaría el propio objeto apropiado. No importa en absoluto cómo se llame el objeto. Un grupo de niños podría formar un lenguaje totalmente nuevo y fantástico con la misma rapidez y facilidad con la que pueden aprender el lenguaje de sus padres. Debemos desterrar la antigua creencia de que existe alguna esencia peculiar en las palabras como tales. Una palabra no es más que un amasijo explosivo de sonidos que se producen al expulsar el aliento sobre la lengua, los dientes y los labios cada vez que nos acercamos a los objetos. Condicionamos a nuestros hijos a emitir los mismos sonidos explosivos cuando se acercan a los mismos objetos.

El curso natural de los acontecimientos a partir del segundo año es aprender juntos el objeto y la palabra hablada, después el objeto y la palabra impresa, y a continuación el objeto y la palabra escrita. Las palabras en cualquiera de estas formas se vuelven sustituibles cada una por la otra y por el objeto en torno al cual se construyó originalmente el condicionamiento.

Pero, ¿continúa este proceso hasta que el mundo de la palabra muestra una correspondencia biunívoca* con el mundo del objeto? En absoluto, ¿y por qué? Porque nuestros maestros, es decir, nuestros padres, niñeras y compañeros adultos, no tienen ellos mismos un mundo de palabras comparable a su mundo objetal. Al igual que ellos están limitados en este sentido, también li-

* *N. del Ed.: point-to-point correspondence*, en el original.

mitan a los niños. ¿Y por qué están limitados los padres? Porque en el estatus en el que viven no ha habido necesidad, desde el punto de vista de la obtención de alimento, cobijo y sexo, de construir en un número de palabras mayor del que tienen. El Dr. Rivers demostró hace años que muchas de las tribus primitivas no tienen palabras para ciertas partes del espectro cromático que nosotros nombramos constantemente*. De nuevo, la escala musical china deja fuera ciertas notas que nosotros incluimos en la nuestra. Sus notas e intervalos, en consecuencia, son diferentes. Sin embargo, una cuerda estirada vibra en China igual que en Occidente.

¿Por qué no llamar a esa parte del mundo objetal del individuo que manipula constantemente con las manos, los pies y el cuerpo, pero a la que no nombra ni atribuye una palabra (su mundo de situaciones y sus propias respuestas a ellas que no nombra) su mundo "inconsciente" o, en la terminología conductista, su mundo no verbalizado?

¿Considere por un momento lo que la gente quiere decir o al menos debería querer decir cuando dice que es consciente o que tiene *conciencia*? Quieren decir, en palabras del conductista, que pueden mantener algún tipo de breve charla subvocal con "ellos mismos" tras las puertas cerradas de los labios. Adquirimos el hábito de utilizar "nosotros mismos" como audiencia muy pronto en la vida. Comienza inmediatamente después de aprender por primera vez palabras, frases y oraciones y continúa durante un período considerable después. Todos los niños, según nuestra observación, piensan en voz alta al principio. Pensar en voz alta es socialmente inoportuno. El niño que lo hace se considera poco sociable y necesitado de censura. El proceso de censura termina en la subvocalización. Esto nos priva de nuestro público y, para compensarlo, construimos una *ficción verbal (un hombre de paja) y lo ponemos delante de "nosotros" para hablarle*, que es lo que hace el niño cuando le habla a su muñeco de juguete. La ficción del "sí mismo" equivale a nuestro muñeco, y aun así muchos de los psicólogos introspectivos siguen escribiendo libros sobre el "yo". Si esto representa la cosa que los psicólogos llaman conciencia, está claro que siempre es un asunto completamente verbalizado.

Debemos entonces extraer la inferencia de que mientras una gran parte de nuestro mundo está *verbalizada*, una parte aún mayor permanece posiblemente para siempre *no verbalizada*. ¿Cuáles son los componentes no verbalizados de la conducta humana? Tenemos (1) el mundo no verbalizado del hombre que fue entrenado para ser un hombre silencioso. El niño criado en el aislamiento, o en torno a padres taciturnos o en grupos donde la verbalización está mal vista, ni siquiera de adulto aprende a verbalizar su mundo o sus actos. No puede decir con palabras lo que sabe hacer. Sólo puede actuar cuando se le pone

* *N. de. E.:* véase, *Primitive color vision* (Rivers, 1901).

frente a los objetos en los contextos apropiados. Esto es propio de la conducta animal. Es típico de la conducta de muchos pueblos primitivos; de hombres como el boxeador Jack Dempsey, o el presidente Calvin Coolidge, de un gran número de atletas y acróbatas. No podrían decirle, aunque su vida dependiera de ello, cómo hacen ciertas cosas: su mundo de palabras no se corresponde con su mundo de objetos.

A continuación, está (2) el mundo no verbalizado de cada uno de nosotros compuesto por la actividad de las partes musculares y glandulares no verbalizadas de nuestro cuerpo (intestinos, pulmones, vasos sanguíneos, las vísceras en general) y por los estímulos que suscitan la actividad en estas partes. Los sucesos y acontecimientos de nuestro cuerpo y los estímulos mecánicos, químicos y glandulares que los provocan son probablemente un mundo tan grande como el formado por los objetos (nombrados, por supuesto) que provocan en nosotros respuestas visuales, auditivas, olfativas y gustativas. Sin embargo, todo este mundo permanece sin verbalizar incluso en el adulto. No sabemos cómo empezar a nombrar estos actos o los estímulos que los concitan. No se han creado palabras para ellos. La sociedad no nos exige que los nombremos. Posiblemente, lo que mejor ilustra este mundo es lo que la psicopatología de Kempf denomina "afanes" autonómicos (obviando innecesarias referencias a la conciencia)*. A todo este mundo podemos llamarlo el mundo no verbalizado de las emociones.

Luego tenemos (3) el mundo de la infancia que está totalmente desverbalizado durante el primer año y prácticamente desverbalizado hasta el final del segundo año. Este es el periodo en el que se acumulan muchos miles de reacciones, tanto manuales como emocionales. Se construyen los patrones generales de las reacciones hacia la madre, el padre, hermanos, nodrizas, hacia el propio cuerpo del niño y hacia otras personas. Es el periodo en el que se establecen las rabietas, los miedos, los enfados, las dependencias. Este periodo de dos años es probablemente, tanto somática como conductualmente, la parte más importante de la vida del niño.

Si todo esto suena razonable (y lo es para muchos), ¿no podríamos afirmar que el mundo no verbalizado del conductista es un sustituto del inconsciente del psicoanalista desde la ciencia natural? De ser así, el misterio del inconsciente desaparecería de inmediato. Muchos de nuestros actos, posiblemente la mayoría de nuestros actos, y los estímulos que los provocan, no tienen correlatos verbales porque el ambiente social del individuo no ha ofrecido posibilidades de condicionar las respuestas verbales o, en el mejor de los casos, ha proporcionado métodos defectuosos e inexactos. Para comprender la falta de verbalización debemos estudiar cómo se construye el individuo a partir de los *movimientos informes* que vemos en el niño al nacer.

* *N. del E.:* referencia al conocido manual *Psychopathology* de Edward J. Kempf (1920).

Esto puede aclararse examinando cómo el bebé construye sus hábitos. En el hijo único de dos años criado por su madre generalmente encontramos que el niño llora a menos que se le coja en el regazo de la madre, no come a menos que sea alimentado por la madre, no juega con sus juguetes a menos que esté en la habitación con la madre, llora y entra en rabietas cuando la madre sale de la habitación o sale a la calle. No se bañará si no es bajo los cuidados de la madre; dormirá sólo cuando esté en la cama con la madre. Sólo dejará de llorar cuando se lesione levemente cuando la madre venda su herida y lo bese y acaricie. Hasta los dos años no ha habido verbalización más allá de unas pocas docenas de sustantivos y pronombres. Comienza la verbalización, se agrupa en torno a la madre al igual que la actividad manual y corporal del niño se agrupa en torno a ella. De forma similar, las reacciones viscerales (emociones) tienen su centro de referencia en la madre: manual, verbal y emocional unidas por este único estímulo que todo lo excita (ella es realmente una situación compleja en todo momento). Aquí tenemos una imagen aproximada de la génesis de una fijación a la madre. Supondremos que esta madre imprudente continúa criando a su hijo. Le da una pequeña organización sobre el sexo; la madre no ha oído hablar de higiene mental. El entrenamiento imprudente continúa. Se endurece, se fija. Bajo la presión social, la niña se casa con un hombre imprudente. Después de la luna de miel, empieza a utilizar cualquier artilugio para estar constantemente bajo el techo y en presencia de su madre. La vida de casada no significa nada; la chica no puede romper sus hábitos. La madre muere, el marido la abandona y ella pasa a manos del analista. Se supone aquí que todo este ámbito de su relación con su madre ha permanecido *sin verbalizar*. La génesis de su conducta está clara para el conductista. Ha sido un proceso evolutivo construido por su ambiente; no hay que hacer ningún misterio de ello; no hay que asumir ninguna hipótesis acerca del inconsciente; no hay que arrastrar ningún factor hipotético como la supresión o la represión. Hablarle en términos de "inconsciente", de "represiones", de "limitación de la libido", de "complejo de Edipo" y similares, la deja impasible. No tiene palabras que se correspondan con su conducta hacia su madre, salvo las convencionales toleradas y ensalzadas por la sociedad bajo el disfraz de la belleza del amor materno. No conversó ni pudo conversar nunca consigo misma sobre todo esto. De ahí que nunca fuera "consciente" de que su conducta era incestuosa. De ahí que nunca le doliera la conciencia de ello (a menos que algún analista la perturbara hablándole de ello). De ahí que no hubiera transición de un pensamiento (demasiado amargo para entretenerlo) al pozo negro del inconsciente.

El conductista diría que en tales casos estaba indicado el descondicionamiento directo y luego el reentrenamiento. Diría además que el proceso de reeducación debería ser comparable en cierta medida al menos al tiempo que se tardaba en dar cuerda al paciente de esta manera. Cuando el analista empieza a hablar de estos casos en términos de psicoanálisis, cuando coloca a la paciente en un diván día tras día y la deja vagar por millones de kilómetros de territorio verbal, posiblemente estéril durante años, en una iniciativa por llegar a su inconsciente y enderezarlo, me acuerdo mucho de las palabras que Hécate dijo a las brujas*:

> ¡Muy bien! Agradezco el trabajo emprendido.
> La reina ha de daros el premio ofrecido.
> Y ahora, todas juntas, al son del hervor,
> como hadas y silfos cantad en redor,
> y tenga este filtro su poder mayor.

Por el contrario, el no verbalizado del conductista es en su totalidad un concepto de la ciencia natural. Tiene un origen y un crecimiento de sentido común. Sabemos que los miedos en el hombre y en el animal se construyen de la forma más simple, la mayoría de ellos mucho antes de que comience la verbalización. Empezando con sonidos fuertes y agudos y la pérdida de apoyo como estímulos incondicionados, construimos en el miedo a los animales peludos-piel-algodón-lana-pelo del cuerpo humano; al agua; a los trenes en movimiento, lugares altos, puentes, caballetes, espacios cerrados y abiertos, y similares (¡muchos de ellos por hipótesis!). Junto con las respuestas realmente condicionadas tenemos los miedos transferidos, sobre los que no tiene por qué haber ningún misterio, ya que tales "transferencias" se obtienen siempre en todos los experimentos en los que se enseña al animal a responder de forma diferencial. De nuevo, y aquí a primera vista el proceso parece más oscuro, tenemos respuestas de miedo condicionadas de primer, segundo y sucesivos órdenes. Las condiciones se vuelven tan complejas que la fuente evolutiva original de este tipo de respuestas, a partir de los dos estímulos incondicionados originarios, es difícil de rastrear.

A partir de comienzos igualmente simples crecen las respuestas de amor y rabia, y mucho antes de que se les impongan palabras.

Por último, tenemos los tipos de respuesta aún más complicados en los que sucesivamente se ha condicionado al individuo para que responda emocionalmente de más de una manera al mismo estímulo o situación; por ejemplo, cuando la hija responde a las caricias y besos de contacto de la madre, a su conducta escandalosa cuando está borracha o discute, y a ella como un estímulo obstaculizador y restrictivo. Respuestas de amor, miedo y odio al mismo estímulo. Seguramente no necesitamos aquí la teoría de la "bivalencia" y la "multivalencia" de los analistas o de cualquier inconsciente para comprender las reacciones del individuo que no responde a las pautas de conducta del grupo.

* *N. del E.: Macbeth,* acto 4, escena 1, en traducción de L. Astrana Marín (Shakespeare, 1623/1920).

Ninguno de nuestros sujetos hipotéticos en los que se ha producido tal organización no verbalizada puede "hablarlo" hasta que el analista lo habla. No hay nada que hablar, ningún inconsciente al que llegar. Nuestra creencia es que el analista debe hablarlo sólo el tiempo suficiente para obtener los rasgos principales de la biografía del paciente, parte de los cuales puede obtener de los asociados. Tampoco está, al hablarlo o analizar los sueños, acercándose a ninguna lesión traumática o punto enconado del inconsciente. Está o debería estar observando y anotando conductas verbales de forma objetiva. Su actitud no debería ser diferente de la que tendría si estuviera observando y anotando los movimientos de la paciente cuando va por la habitación, sus hábitos alimentarios y sexuales. *Cuando la observación es lo suficientemente completa el médico puede hacer un diagnóstico de los factores evolutivos que han operado para producir las desviaciones que observa en su conducta.* Entonces su prescripción, se formula en términos de los pasos que debe seguir para su reeducación. Es el descondicionamiento y la readaptación lo que debería llevar tiempo, *no el análisis.* En la actualidad, el analista, al menos durante un tiempo asombrosamente largo, reeduca a la paciente o intenta reeducarla sólo o principalmente siguiendo líneas verbales. Ni siquiera admite que él paciente mismo la reeduque. Su reeducación, según la creencia del conductista, debe seguir líneas manuales, verbales y viscerales. Debe dársele una nueva vida manual con una nueva vida verbal y una nueva vida visceral. Sus viejos hábitos no funcionarán. Pero hablar por sí mismo nunca le proporcionará el equipamiento necesario.

Para estudiar científicamente todos estos factores, anhelamos una lámpara de Aladino, para que a la orden del genio transportara inmediatamente a nuestro adulto o niño, desgarbado por el condicionamiento defectuoso del pasado, a un mundo totalmente nuevo. Tendríamos este nuevo mundo lleno de padres, profesores y médicos entrenados conductualmente que construirían un mundo en el que la actividad de las manos y el intestino y la laringe podrían funcionar cada uno dominantemente cuando el dominio de uno fuera demandado por la situación, y podrían trabajar en cooperación cuando la situación demandara el dominio de muchos segmentos del cuerpo. En otras palabras, pediríamos que los individuos necesitados de reeducación se criaran en un mundo en el que fuera posible algo parecido a una integración completa de las actividades sin la presencia de los conflictos frustrantes que provienen del intestino inculto.

Frotaríamos la lámpara una vez más y pediríamos a su guardián que nos diera un jardín de infancia adecuado en todos los aspectos para el estudio de los problemas de conducta en los jóvenes, porque creemos que nuestra técnica ha llegado lo suficientemente lejos incluso ahora como para hacer posible criar niños tan adaptados a la vida que nunca necesitarán caer en las manos del amable psicoanalista.

Una vez formado como conductista, uno no puede evitar volverse cada vez más escéptico sobre el valor terapéutico de la catarsis verbal, incluso tal y como se plantea hoy en día. El analizado alcanza, sin duda, una notable fluidez al hablar de sí mismo: sus síntomas, sus fijaciones, su libido, sus represiones. A menudo tengo la sensación, al hablar con personas analizadas, de que el analista se ha ido y ha dejado la laringe funcionando sin engancharla al resto del cuerpo, como solían hacer los hipnotizadores poco hábiles cuando dejaban a sus sujetos parcialmente despiertos. Me parece que están muy imperfectamente integrados. Como conductistas también nos hemos vuelto escépticos respecto al psicoanálisis como método sólido, La razón del fracaso del análisis se debe a las complejas, torpes y sobrecargadas presuposiciones de los practicantes. Estas llevan a sus partidarios a perseguir lo que no existe. Las presuposiciones influyen no sólo en sus métodos de trabajo, sino también en sus conclusiones. Hay mucho más que una mera diferencia terminológica entre el conductista y el analista. El análisis basado en su técnica y sus premisas actuales probablemente desaparecerá. Al menos dará paso a una técnica que prevea el condicionamiento y el descondicionamiento sobre una base experimental reconocida. ¿Acaso el entrenamiento básico del analista no ha sido unilateral, sin una orientación suficiente al desarrollo evolutivo de la conducta? Necesita su entrenamiento en medicina, pero antes de dedicarse a la medicina debería estudiar psicología animal. Debería hacerse con unos cuantos animales, adquirir una técnica para el condicionamiento y el descondicionamiento, ver a qué se puede condicionar a los animales, cuando se crían machos con hembras, hembras con hembras, cuando se castiga al animal por respuestas sexuales; ver cómo, a medida que el problema se hace más difícil (por ejemplo, cuando se establecen respuestas diferenciales a dos estímulos que difieren poco en valor estimulante), se rompen los sistemas de hábitos del animal; conocer de primera mano cómo se pueden condicionar las respuestas de miedo, eliminar la conducta instintiva. Seguramente, también, debería tener la oportunidad de acompañar este trabajo con estudios paralelos en bebés humanos. Déjele hacer y deshacer un poco, y observe el crecimiento del mundo de palabras del niño y su correspondencia y falta de correspondencia con su mundo de objetos. Que aprenda también que se puede construir toda una serie de reacciones emocionales y luego derribarlas; que se pueden implantar, alterar y cambiar por completo los patrones vocacionales, ¡y todo ello sin ninguna pauta psicoanalítica! ¿Por qué no empapar al futuro analista en estos procesos y así darle más fertilidad en la disposición y alteración de situaciones mediante las cuales pueda descondicionar y más tarde recondicionar a sus pacientes? ¿Por qué no hacer que se convierta en un analista experimental, lo que le salvará del método de sillón que ahora emplea? ¿No deberíamos dar este mismo entrenamiento general en psicología animal e infantil también a los trabajadores de la higiene mental? Es difícil comprender por qué se ha descuidado durante tanto tiempo el campo de la psicología animal. Un gran número de los problemas básicos de método y técnica en psiquiatría y psicoanálisis pueden resolverse en el campo animal.

Hay algunas implicaciones pedagógicas en la noción de lo no verbalizado. El uso de las palabras aumenta nuestro "control" sobre el ambiente. ¿Digamos que en torno al 90% (haciendo una estimación aproximada) de nuestras reacciones son verbales? En cualquier caso, el hombre es un animal que reacciona y manipula con palabras. No disponer de sustitutos verbales para nuestras actividades y sus estímulos nos retrotrae mucho al mundo infrahumano.

¿Puede imaginarse por un momento la conducta de un inventor bien entrenado, y no sólo de un trabajador manual no cualificado? Supongamos que algún estímulo, una situación en la fábrica o las palabras de un amigo que tiene dificultades mecánicas en su planta, pone en marcha al inventor. Comienza verbalmente a juntar muelles, palancas e interruptores. Llega tan lejos como puede en el ensamblaje verbal y la elaboración de su máquina. Empieza a complicarse. Le empiezan a picar las manos para hacer un modelado de madera o acero. No funcionará cuando lo ensamble. Esto le lleva a una mayor manipulación verbal. Esto continúa hasta que la dificultad inmediata se resuelve verbalmente; entonces debe trabajar de nuevo con su mano y de nuevo con su mundo verbal. Manipula este mundo verbal por la noche cuando las luces están apagadas, cuando camina hacia y desde su trabajo a modo de ensayo y error, cuando su madera, su hierro y sus herramientas no están a mano, del mismo modo que manipula sus materiales cuando están presentes.

Parece injusto para el niño en desarrollo no llevar este mundo de palabras a un estado de utilidad superior al que se hace ahora en las escuelas. Cada vez que interrogo a niños pequeños e incluso a titulados universitarios me sorprende su mudez, su incapacidad para decir cómo hacen las cosas y para manipular verbalmente su mundo material y social. ¿Por qué no podemos enseñar al niño desde el principio a verbalizar su actividad manual? ¿Por qué no desechar los libros de texto, dar breves problemas verbales o escritos, y luego dejar que el niño resuelva su problema de química, física, agricultura, cocina con las manos, y que escriba y verbalice su técnica a medida que avanza? ¡Dios me libre de parecer que abogo por más palabrería en el mundo! No es ése mi propósito. Ahora tenemos demasiados especuladores verbales filosóficos, retóricos, poetas y soñadores. Hablar sin poder traducirse en conductas manuales o actuar manualmente sin poder traducirse en palabras no proporciona una integración completa. He aquí un ejemplo. Delante de mí están las piezas completas de un reloj de péndulo. Un niño puede hablar locuazmente durante media hora sobre este reloj o cualquier otro, pero a un nivel superficial, deslizándose casi inmediatamente hacia los valores estéticos del reloj, la historia de los relojes, etc. Pero no es capaz de unir las piezas. Conoce los relojes sólo con palabras. Por el contrario, otro niño de la misma edad, hábil con las manos, puede tomar los engranajes, las ruedas, el péndulo y los muelles y unirlos, pero cuando tapo el reloj y le pregunto por el mecanismo de este y cómo se unen las piezas, no obtengo respuesta. Enmudece. No tiene palabras. Tengo delante a otro niño igual de hábil con las manos y con las palabras. Monta el reloj. De nuevo lo cubro con la tela. Me habla correctamente de cada pieza, de cómo están unidas y de cómo funcionan cuando están juntas. En otras palabras, me construye perfectamente un reloj verbal. En mi opinión, el tercer niño no está por naturaleza mejor dotado que ninguno de los otros dos, sin embargo, les ha superado por una distancia comparable en cierto sentido a que separa al hombre del orangután. Con un mundo de palabras adecuadamente sustituible por el mundo de los objetos es, hasta cierto punto al menos, dueño de su propio destino, independiente del mundo de la visión, los sonidos, los olores y los sabores. A menos que alguien le robe la organización de su laringe y su musculatura afín, nadie podrá derribar su mundo.

¿Es un ideal social demasiado inalcanzable creer que cada hombre, mujer y niño debería formarse acerca de su propio organismo tan exhaustivamente como el último niño fue entrenado sobre el reloj? Podríamos enseñar muy rápidamente a los niños suficiente anatomía para darles una noción completa de su cuerpo, sistema nervioso, corazón, pulmones, hígado, riñones, glándulas, aparato sexual. Luego podríamos enseñarles suficiente fisiología para que comprendieran cuál es la función de cada parte principal y cómo funcionan juntas las distintas partes. ¿No deberíamos hacer esto pronto y tan a fondo que no les permita confirmarse a ningún cuento de hadas? ¿No es más importante para ellos conseguir esto pronto, esta exploración de sí mismos, que estudiar literatura, geografía, historia, química y física, por muy importantes que sean estas materias?

A continuación, deberíamos enseñarles los rudimentos de la higiene (lo que muchos llaman "higiene mental"), mostrarles en los términos más sencillos cómo surge la conducta infantil no verbalizada y cómo se traslada a la vida adulta; enseñarles las reacciones de miedo, amor e ira; resolver con ellos cómo se comporta el individuo en las depresiones. Enséñeles cómo es la conducta de exhibición; con qué facilidad se desarrolla la conducta de reclusión, sobre la hipocondría y otras psicosis incipientes. Enséñeles primero a detectar estos patrones de reacción en los demás y luego, lo más importante de todo, a detectarlos en sí mismos observando y tabulando su propia conducta. ¿Qué niño o niña enseñado de esta manera no podría comprobar su propia conducta tres o cuatro veces al mes? "Durante días me he peleado con mis padres; dos o tres veces en la última semana he estado deprimido y he intentado encontrar excusas para no ir a la escuela y hacer mis otras tareas". O, para cambiar el panorama, "He estado demasiado bullicioso y ruidoso, demasiado excitado; conduciendo el automóvil demasiado rápido; corriendo demasiados riesgos y peligros al nadar y bucear". O de nuevo: "Me doy cuenta de que evito a la gente más de lo que solía hacerlo; me gusta ponerme en un rincón y leer. No salgo mucho a la calle". O una vez más: "Me doy cuenta de que salgo mucho menos con las chicas de lo que solía y que he empezado a juntarme con los chicos del barrio".

Habiendo enseñado a los individuos a observar su propia conducta de esta manera, como observan la conducta de los demás, ¿no podemos enseñarles a continuación qué hacer cuando sus registros muestren que tienen dificultades? En otras palabras, ¿darles lo esencial y los rudimentos de la higiene correctiva? Por ejemplo: "Mi trabajo se ha ralentizado. Estoy falto de ánimo, me da igual ir a ver a alguien o no; he llevado una existencia monótona; las cosas no han ido bien en casa. Supongo que hablaré con mi médico. Probablemente me dirá que será mejor que haga las maletas y me vaya una semana a pescar o a cazar y que cuando vuelva será mejor que cambie un poco las cosas: que intente hacer trabajos más interesantes, que ponga en marcha algunas aficiones con las que he estado coqueteando durante mucho tiempo y que tome alguna decisión satisfactoria sobre mi vida sexual, que últimamente me ha estado molestando".

Yo daría este entrenamiento antes de los catorce años, ya que a esta edad la gran masa de nuestra población abandona la escuela. ¿Pueden los niños pequeños recibir todo esto? Tengo esperanzas en ello. Mi experiencia publicitaria me ha abierto los ojos ante la sencillez con que se pueden exponer las cosas al público, y como en el lenguaje coloquial es posible expresar casi todas las verdades valiosas de la ciencia.

A menos que el niño tenga una organización de palabras ya establecida (una palabra para cada situación) y a menos que el estímulo pueda despertar una reacción verbal simultáneamente a la manual, que, a su vez, actuando como estímulo, pueda despertar una reacción manual sustitutiva, ¿cómo podrá la *laringe* (y su musculatura relacionada) *llegar a ser dominante*? Hoy en día somos predominantemente un animal que reacciona verbalmente, lo que significa que el segmento laríngeo es el depositario de la mayor parte de nuestro entrenamiento social y ético. Ahora bien, si el estímulo no activa este segmento, los "preceptos", lo que "debemos" y "no debemos" hacer, como estímulos nunca podrán suscitar reacciones sustitutivas socialmente aceptables. Me parece que casi toda la conducta moral depende de la medida en que el niño pueda adqurir la organización verbal.

Puede ver lo que la sociedad podría tener como objetivo: que cada niño y cada niña a la edad de catorce años conozca su propio organismo y sus reacciones, como sucedía en mi ejemplo del niño que conocía su reloj. Esto llevaría al organismo a *autocorregirse conductualmente*, igual que ahora el cuerpo sin ayuda (a menos que se produzca una infección demasiado pronunciada) cura sus propias heridas. En otras palabras, según esta hipótesis, el segmento laríngeo (lo verbalizado) se convertirá en regulador de todas las conductas. Dominará entonces al intestino. Ahora bien, todo el mundo admite que la tripa es la cola que mueve al perro.

El joven de catorce años, entrenado de esta manera, puede que no sepa tanta literatura, historia y matemáticas como el joven de catorce años de hoy en día, pero no tiene por qué temer ni al inconsciente del psicoanalista ni al no verbalizado del conductista.

Tratar el tema de lo no verbalizado nos lleva casi inevitablemente a considerar la personalidad en el siguiente capítulo.

7

¿Puede el adulto cambiar su personalidad?

¿Nacen las personas con una personalidad definida? ¿Es la personalidad algo innato, hereditario e inmutable?

¿O es la personalidad un producto del ambiente? Si es así, se puede construir una personalidad diferente en todos y cada uno de los individuos. Teóricamente, entonces, se podría alterar, expandir o atrofiar facetas de la personalidad casi a voluntad.

Los conductistas proponen este último punto de vista. La personalidad no es un don divino, sino que es resultado de la acción humana.

¿Qué es, entonces, la personalidad? Oímos este término continuamente: "Su hija sólo tiene tres años y, sin embargo, ya tiene una personalidad encantadora". "¡Helena a sus veinticuatro años no es guapa, pero tiene una gran personalidad!". "Fuerte", "fina", "interesante", "llamativa", "superdotada", "apocada", "desagradable", "voraz", "fascinante", "difícil", "desagradable", "siniestra"... son palabras que se utilizan a menudo para describir personalidades.

Por la forma en que el profano habla y escribe sobre la personalidad, es fácil ver que piensa en ella como un cierto poder tenue y misterioso que nace en el ser humano. El conductista, observando atentamente el desarrollo de las personas desde la infancia hasta la edad adulta, no encuentra nada misterioso en la personalidad. ¿Podría esbozarles la imagen objetiva de la personalidad? Sí, una imagen nueva y llena de sentido común.

Al estudiar al niño desde el nacimiento, descubrimos que todos los seres humanos de desarrollo normal nacen con aproximadamente el mismo equipamiento inadecuado y simple. Ello consiste en repertorios tales como chupar, agarrar, abrir y cerrar las manos, mover dedos de manos y pies, mover el tronco, las piernas y los brazos, succionar durante la lactancia, respirar, digerir alimentos, latir el corazón, eliminar los productos de desecho, etc. ¡Un equipo muy lamentable si lo comparamos con el de la cría de mono o incluso con el de la cría de cobaya que es independiente de la madre al cabo de tres días! En una palabra, encontramos poco en la herencia que haga que un niño sano empiece de forma diferente a otro niño.

Como hemos dicho, está mucho más cerca de la verdad considerar que todos los niños empiezan al nacer con un conjunto de respuestas simples que podemos llamar "retorcimientos*". Qué retorcimientos se asumen y se desarrollan en patrones de personalidad depende en gran medida del hogar y del nivel social en el que el niño nace. Por lo general, nuestra personalidad no es más que una réplica compuesta de la personalidad de nuestros padres y otros allegados.

Este estudio genético de la conducta nos ofrece una nueva forma de ver la personalidad. A medida que la cría humana pasa de la infancia a la edad adulta se organiza de mil maneras diferentes. Se desarrollan diferentes sistemas de actividad. En la primera infancia, un individuo a los tres años puede ejercitarse arrancando las extremidades a los insectos, desgarrando gusanos (la razón por la que empieza esto puede depender de mil factores: los niños privados de carne a menudo, incluso a esta temprana edad, matan e ingieren insectos y gusanos). A los quince puede ser ayudante de un carnicero y aprender a despiezar la carne. A los veinte puede ingresar en la universidad y convertirse en un excelente estudiante de fisiología, siendo especialmente hábil en los experimentos de vivisección. Más tarde entra en medicina y se convierte en un experto cirujano. Aquí trazamos una tendencia de actividad a partir de los tres años. Un corte transversal de la actividad de este individuo a cualquier edad más allá de los tres años mostraría el hilo de organización que acabaría deviniendo en habilidades quirúrgicas.

Tomemos otro caso, esta vez en el ámbito emocional (y hay que recordar que la conducta emocional se aprende como cualquier otra conducta). El hijo único que es acariciado, amado y besado en exceso por su madre. A los dos años muere el padre. La madre convierte al niño en su compañero inseparable. Lo lleva a dormir a su habitación y finalmente a la misma cama. El niño es tierno y cortés con todas las mujeres. Es sensible, tímido y retraído. Su madre le impide relacionarse con chicas de su edad y pone obstáculos para que se case, amenazándole con el suicidio. Hace mucho hincapié en los modales, la vestimenta y la formalidad de la conducta. En todo momento la madre está moldeando la personalidad de este niño. Lo que ella haga tendrá una influencia continua durante toda la vida de él.

Para obtener un punto de vista central y sencillo, consideremos la organización que comienza con el nacimiento y termina con la muerte como una corriente de conductas en constante expansión. Si tomamos una sección

* *N. del E.: squirming*, en el original.

transversal de esta corriente al año encontraremos los comienzos (¡a menudo bastante completos!) de muchos patrones de conducta vocacionales y emocionales. A los cuatro años, un corte transversal mostrará esos mismos patrones, sólo que más complejos, y algunos patrones nuevos; a los catorce, los mismos patrones y aún otros adicionales; a los treinta, los mismos y aún algunos nuevos. Pero, por desgracia, más allá de este punto rara vez se producen nuevas elaboraciones de los patrones antiguos, y aún más rara vez se forman patrones nuevos. No hay ninguna razón para esta muerte prematura de las variaciones de la personalidad siendo el individuo aun relativamente joven, salvo el hecho de que la mayoría de la gente se ha alimentado demasiado bien como para seguir aprendiendo*.

Si realizamos un corte transversal a través de los sistemas de hábitos de cualquier individuo de veinticuatro años, podremos definir su personalidad como *la suma de actividades que pueden descubrirse mediante observación directa de su conducta durante un periodo de tiempo lo suficientemente largo como para obtener información fiable. En otras palabras, mi personalidad no es más que la totalidad o suma de mis sistemas de hábitos y condicionamientos.* Lo que soy a cualquier edad es sólo lo que puedo hacer a esa edad.

CÓMO ESTUDIAR LA PERSONALIDAD

Aprendemos acerca de la personalidad de un individuo estudiándolo en acción. Al hacerlo, realizamos un inventario informal de las pautas de conducta de esa persona. Lo hacemos con desconocidos mucho mejor y con mucha más precisión que con amigos con los que hemos crecido. No lo hacemos científicamente; no lo necesitamos. Nuestros juicios de trabajo son guías suficientes para admitir a una persona determinada en nuestro grupo social o para rechazarle.

Hace unos días, un desconocido se mudó a una barrio suburbano en el que viven unas cincuenta o sesenta familias en un grupo social muy cohesionado. Fue interesante escuchar los comentarios de los residentes después de un baile en un club. “Es horrible, ¡que desmañado!”. “Es un engreído; me dijo que todas las mujeres estaban locas por él”. “Tiene una pinta desagradable, baila fatal; no tiene ni idea”. No es necesario proseguir con su crucifixión. En el espacio de una sola noche descendieron los pulgares y se juzgó su personalidad. El sol bien podría detenerse en su curso antes de que este caballero haga sociedad en Petronia**.

Como profanos rara vez juzgamos la personalidad de los demás. Un hombre de mundo conoce a un hombre de negocios muy estimable que es religio-

* *N. del. E.:* entiéndase que la saciedad limita el aprendizaje.

** *N. del E.:* Watson parece referirse a una comunidad imaginaria.

so. Este único rasgo de organización condena al tipo a los ojos del hombre de mundo: "Oh, es un cantor de salmos". Cuán a menudo oímos estos juicios condenatorios: "Es un hueso duro de roer". "Será tu amigo mientras te vaya bien". "Es un cuentista". "No es capaz de guardar un secreto". "Va demasiado elegante para la ocasión". Condenamos aquella fase de la organización de un individuo que va en contra de la nuestra. Los primeros psicoanalistas afirmaban que, al estar completamente analizados, no tenían vigas ante sus ojos, ni puntos débiles que otros puedan explotar, por lo que sólo ellos podían emitir juicios objetivos y sin prejuicios sobre la personalidad. Muchos de los analistas actuales se dan cuenta de que el análisis no les convierte en dioses. Sin embargo, lo que afirman es cierto en general. Un lego puede con la mayor dificultad informar sobre su propia personalidad enraizada en sus primeras experiencias emocionales. Gran parte de ella se encuentra por debajo del nivel verbal.

MÉTODOS PSICOLÓGICOS PARA EL ESTUDIO DE LA PERSONALIDAD

La psicología ha hecho algunos progresos en el estudio de la personalidad durante los últimos veinticinco años. No tanto progreso, sin embargo, como aquellos que utilizan tests psicológicos nos quieren hacer creer. Los tests con fines comerciales, especialmente, se han exagerado. Hace veinte años Münsterberg comenzó a excederse en el pretendido alcance de estos. Para él, la psicología estaba destinada a resolver todos los problemas de personal del industrial. Unos años más tarde, se pregonaba el uso tests considerándolos un auténtico instrumento científico para medir el calibre de los individuos.

Sólo para darle una idea general de un test mental permítame esbozar brevemente cómo es un test mental para un niño de doce años.

1. Al niño se le hace un test de vocabulario (se le pide que diga qué significan varias palabras). En una prueba de vocabulario estándar debería ser capaz de definir correctamente 20 de cada 100 palabras.
2. A continuación, le damos palabras abstractas para que las defina: *lástima, venganza, envidia, justicia.*
3. Le hacemos presentamos un "test de pelota perdida*". Dibujamos un círculo y le decimos al joven que ese círculo representa un campo en el que se ha perdido una pelota. Luego le decimos que con un lápiz marque el camino que recorrería para buscar la pelota para cerciorarse de poder encontrarla.

* *N. del E.: lost-ball test*, en el original. No resulta evidente que Watson se esté refiriendo a un tipo establecido de test o, al menos, no lo hemos podido identificar.

4. A continuación, le damos frases impresas con las palabras desordenadas. Las palabras deben colocarse en un orden tal que la frase tenga sentido.
5. A continuación, le leemos fábulas como la de la "La zorra y el cuervo", "El granjero y la cigüeña*", etc. El niño deberá decirnos qué moraleja pretende enseñar la fábula.
6. Luego le hacemos repetir cinco cifras en orden inverso.
7. Luego le mostramos cuatro dibujos y tiene que decirnos de qué trata cada uno.
8. Por último, le pedimos que indique en qué se parecen tres elementos; por ejemplo: perro, caballo, cuervo.

Existen literalmente miles de tests estandarizados. Con ellos se evalúa el progreso escolar, se admite a los estudiantes en la universidad, se selecciona a vendedores, se separa a niños normales de los que no lo son, se identifican las discapacidades mentales, se escoge a los niños brillantes del rebaño... todo ello mediante el uso de tests.

Los conductistas no se oponen a los tests. Sólo están en desacuerdo con la importancia exagerada que se les ha atribuido por ciertas escuelas; por ejemplo, las representadas por Terman y Thorndike**. Sirven hasta donde llegan. Pero no son tests "mentales" ni tests de "inteligencia". Tampoco son la totalidad de la psicología, ni siquiera una gran parte de ella. Son muestreos más o menos aleatorios de la organización del individuo a una edad determinada y, en particular, de la organización verbal del individuo sometido a la prueba. No constituyen en ningún caso una base adecuada para la selección de personal o incluso para emitir juicios ordinarios sobre la personalidad.

En primer lugar, no nos dicen nada de las capacidades vocacionales especiales del individuo sometido a la prueba. Nos dicen poco de su habilidad manual (lo que puede hacer con las manos, las piernas, el cuerpo). Los propios examinadores lo admiten. Para compensarlo, han ideado muchas de las llamadas tests especiales de desempeño. En el ejército se creó un laboratorio para evaluar tests experimentales para conductores de automóviles y camiones, para la selección de exploradores nocturnos, para la obtención de inteligencia militar, para telegrafistas, mecanógrafos, taquígrafos y para muchas modalidades vocacionales, como la carpintería, la ebanistería y la metalurgia.

* *N. del E.:* Watson menciona dos conocidas fábulas de Esopo.

** *N. del E.:* pese a que Thorndike es recordado fundamentalmente por las cajas-problema y la ley del efecto, fue también pionero en psicometría, desarrollando el uso de tests estandarizados en el ámbito educativo (Woodworth, 1926).

Por desgracia, hay muchas vocaciones en la vida en las que no es aplicable ninguna forma de prueba. ¿Quién intentaría elegir mediante un test, ya sea de inteligencia general o de desempeño especial, a un ejecutivo, un periodista, un publicista, un gerente de compras o a un escritor?

Mi punto de vista general sobre los tests psicológicos es que, si bien pueden ayudarnos a separar las ovejas de las cabras, no nos dicen gran cosa sobre el rebaño de ovejas del que debemos hacer nuestras selecciones individuales.

Tengo una crítica aún más fundamental sobre los tests mentales en particular en su uso en el ámbito organizacional. Parece ser la experiencia general de los ejecutivos de empresa que los hombres y mujeres fracasan en su trabajo, no por falta de inteligencia (el industrial sabe que debe de formar a sus empleados) sino por una organización emocional defectuosa. Son hoscos, fáciles de enfadar, con tendencia al llanto, hirientes. Son tímidos, sensibles, aprehensivos antes nuevas tareas. Son perezosos, no quieren hacer horas extras, no quieren que se les agobie con el trabajo en situaciones de emergencia. Les falta pulcritud en su trabajo. No asumen responsabilidades. Son inicialmente entusiastas, pero se desalientan ante la continuidad del trabajo. Siempre están con alguna "emergencia". Nunca reciben lo suficiente por su trabajo. En otras palabras, la parte emocional de nuestro equipamiento es tan importante como la manual y la verbal. Hasta ahora no se ha ideado ningún test mental que diga si un hombre es mentiroso, si tiene el arrojo para aferrarse a su trabajo afrontando considerables dificultades, si es un trabajador persistente o un vigilante del reloj o un ocioso visitador de los aseos, o si es capaz de trabajar cooperando con otros individuos.

MÉTODOS COTIDIANOS: ¿QUÉ SE PUEDE APRENDER ENTREVISTANDO?

Obtengo algo (no mucho) en mi primera entrevista personal con un candidato. Puedo observar si sus hábitos personales son o no del tipo generalmente aceptado; si sus uñas están limpias, su cara lavada; si su ropa blanca está deshilachada y sucia; o si está planchada; si sus zapatos están ennegrecidos; si domina adecuadamente la lengua inglesa. Se suele decir que un candidato debe ser capaz de mirar a los ojos. Algunos responsables de personal intentan taladrar al solicitante con sus propios ojos para ver si el pobre desgraciado puede soportarlo. Esto no es más que un cuento. Yo no querría que me mirara "directamente a los ojos" ni más ni menos de lo que exigen los buenos modales. Lo que se puede aprender de una sola entrevista es muy escaso. Siempre es mejor tener varias entrevistas.

¿CUENTA LA EDUCACIÓN?

Hoy en día, los ejecutivos que seleccionan para empleos demandados escudriñan minuciosamente el historial educativo del solicitante. ¿Terminó el solicitante sus estudios primarios o los abandonó a los doce o catorce años? Es decir, a la edad en que la gran masa de nuestros jóvenes los abandona. ¿Terminó sus estudios secundarios y universitarios? Naturalmente, no tiene que ser un graduado universitario para ser una buena persona. Pero si empezó la universidad y la abandonó al cabo de uno o dos años, sería necesario conocer el motivo. Si abandonó porque no tuvo la disciplina para terminar o porque le costaba estudiar, por regla general no querría tenerle en cuenta. Preferiría depositar mis esperanzas en un compañero que, incluso bajo una gran presión económica, hubiera terminado sus estudios universitarios.

A pesar de las numerosas excepciones a la regla, el hombre educado en la universidad parece durar más en los negocios y desenvolverse mejor en ellos que el no graduado.

EL PASADO DEL INDIVIDUO

Lo siguiente que el conductista observa con este sentido común es el tiempo que el solicitante permanece en cada uno de sus diversos puestos y los aumentos anuales que haya recibido en su salario. El hombre que ha tenido diez empleos entre los veinte y los treinta es un "veleta". Probablemente seguirá a la deriva hasta los sesenta años. Por otra parte, si ha permanecido en un puesto inferior durante demasiado tiempo, empiezo a sospechar que es perezoso, que teme afrontar nuevas responsabilidades, que no se ha desprendido de sus hábitos infantiles.

ACTIVIDADES DEPORTIVAS Y DE OCIO

Hay que trazar informalmente el historial deportivo y de ocio de los solicitantes. Un estudio de este historial es bastante revelador. Sabemos que la actividad al aire libre conduce a la buena forma física, a la agudeza en la competición, a la constancia en la coordinación. También sabemos que un hombre que puede competir con otros individuos suele poder trabajar con otros individuos.

CONSTITUCIÓN EMOCIONAL

Estudiar la constitución emocional del individuo es lo más importante. Desgraciadamente, es difícil obtener algo parecido a un registro objetivo de la constitución emocional de alguien hasta que no se le ha tenido bajo observación durante un periodo de tiempo considerable en la situación o el trabajo en el que se desea que funcione. Observar de cerca al individuo durante seis semanas da una imagen muy buena de cómo soporta la presión, de su honradez, de su pulcritud, de la persistencia de sus hábitos de trabajo, de su sensibilidad, de su carácter vengativo, de si es prepotente, retraído, engreído, de si se toma las críticas mal. La mayoría de nosotros arrastramos gran parte de nuestra organización emocional infantil. La observación bajo presión mostrará su presencia. Francamente, temo a quienes arrastran demasiado de este equipo emocional infantil.

Este breve esbozo sobre las formas de juzgar la personalidad debería convencer a cualquiera de que no hay ningún estándar científico que utilizar en el estudio de la personalidad. En el mejor de los casos, nuestro estudio debe ser lento y a menudo cometeremos errores graves.

CÓMO JUZGA LA PERSONALIDAD EL CHARLATÁN

Al oír hablar al "analista del carácter", uno pensaría que los psicólogos y médicos que dedican su vida al estudio de la personalidad no se han puesto al día. Estos "expertos" profesan ser capaces de "leer" la personalidad de un vistazo y se aprovechan de empresarios y jefes de personal en general. A veces estos farsantes tienen institutos propios. Muchos de ellos se anuncian, incluso en algunas de nuestras mejores revistas. Los principales son los llamados "cazatalentos". Hay al menos un gran instituto en Nueva York que cuesta anualmente a la industria una fortuna por seleccionar trabajadores basándose en las medidas de sus cabezas. Hacen un gran número de estas medidas, como la distancia de la parte inferior de la barbilla a la boca, el tamaño de la boca, la distancia de la nariz a la oreja, la longitud de la nariz y cosas por el estilo. Para contrarrestar tales afirmaciones se podría pedir a cualquiera de estos personajes que vaya a un centro de evaluación de inmigrantes y que distingan a aquellos con deficiencias de los normales por las medidas de sus cabezas.

Cualquier psicólogo legítimo estaría encantado de contar con los servicios de estos medidores de cabezas si el método tuviera alguna validez empírica.

El Dr. Yepsen de la Escuela de Entrenamiento de Vineland, Nueva Jersey, me escribió no hace mucho: "Nos gustaría disponer de un poco de dinero para tomar una serie de fotografías en movimiento que demuestren que es total y absolutamente imposible distinguir a los deficientes mentales de los normales, porque creemos que sería bueno que la industria conociera realmente estos hechos*". Si los medidores de cabezas no pueden seleccionar a los "deficientes mentales" de entre los normales, ¿cómo pueden esperar elegir a un hombre para escribir, a otro para vender y a otro para desempeñarse como ejecutivo? ¿Por qué no debería la industria deshacerse de estos buitres que se aprovechan del empresario psicológicamente ignorante?

El siguiente tipo de "experto" es el que afirma ser capaz de leer la personalidad y el carácter de los individuos a partir de fotografías. Así, no es necesario llevar al interesado ante él. Basta con mostrarle una fotografía.

Desafíe a estos "expertos" a una prueba fotográfica realizada en las condiciones siguientes: El psicólogo deberá ir a un hogar para indigentes y elegir a media docena de vagabundos que lo hayan sido desde que tenían cinco años, hombres con antecedentes conocidos. Debe ir a Sing Sing** y elegir a seis presos que hayan sido delincuentes persistentes desde la adolescencia. A continuación, tomaremos a doce de los mejores candidatos del mundo de la ciencia, la vida académica o empresarial. Deberemos llevarlos primero a la peluquería para que le hagan un afeitado limpio y un corte de pelo a la moda. A continuación, les vestimos de gala y solo entonces hacemos la fotografía. El "dotado" analista de carácter deberá entonces identificar a los vagos, criminales y luminarias. He intentado infructuosamente que estos hombres acepten estas condiciones, justas a todas luces, y pongan a prueba su habilidad.

Hay otro grupo de farsantes, que se anuncian también en nuestras mejores revistas, que dicen elegir a sus empleados según en el color del pelo, la textura de la piel o su color. Para desestimar tales afirmaciones, sólo tengo que mencionar aquí que en algunos de nuestros grandes laboratorios experimentales llevamos años intentando correlacionar "inteligencia general" y habilidades especiales, así como otras variables del individuo, con el color de la piel, su textura, el color del pelo, y cosas por el estilo. Todos los hallazgos demuestran que no existe la más mínima prueba científica que respalde ninguna de estas afirmaciones.

Permítame enumerar otros tipos de farsantes. El frenólogo es otro lector rápido de la personalidad. Las protuberancias de la cabeza, según él, le son enormemente reveladoras; una protuberancia significa un desarrollo de una determinada parte del cerebro en la que reside una determinada capacidad o vocación. Al trazar los bultos, por tanto, traza las capacidades del individuo. Por desgracia, las protuberancias del cráneo no tienen nada que ver con la for-

* *N. del E.:* Lloyd N. Yepsen (m. 1955) fue director del Training School en Vineland (Nueva Jersey) durante la década de los años veinte. El centro estaba dedicado a la educación y desarrollo de programas educativos para personas con discapacidad intelectual (Reim, 2004).

** *N. del E.:* centro penitenciario en el municipio de Ossining en el estado de Nueva York fundado en 1824. Continúa operando en la actualidad. Ha sido inmortalizado en innumerables películas.

ma o el tamaño del cerebro. De hecho, una protuberancia en el cráneo puede significar una ligera constricción de la cavidad craneal o cerebral, porque tales protuberancia en ocasiones obedecen a un engrosamiento craneal en ambos sentidos, empujando tanto hacia fuera como hacia dentro. Sin embargo, el cerebro, por regla general, es liso y diríamos que flota en el líquido cefalorraquídeo. Además, hemos renunciado a las "facultades" cerebrales. La frenología desapareció del interés de los hombres de ciencia hace muchas, muchas décadas.

Luego tenemos a los grafólogos, aquellos que nos dirían por nuestra letra cuáles son nuestras potencialidades y caracteres. La forma en que ponemos los puntos sobre las íes, cruzamos las tes, si dejamos las oes abiertas o no, la forma en que inclinamos nuestras letras, todo son revelaciones definitivas de la personalidad. No seamos demasiado duros con ellos. Es una afición divertida. Ciertamente, podemos sacar algo de la letra de un individuo: si es tan extremadamente descuidado (o tan perturbado emocionalmente) que no termina las palabras, si escribe o no apresuradamente, etc. En la escritura a mano, por supuesto, tenemos un producto definido dejado por la actividad, y por lo tanto puede darnos algún tipo de pista sobre el carácter de la persona, al igual que las tumbas de los antiguos egipcios revelan algo del carácter de su civilización. Varios psicólogos han estudiado detenidamente esta cuestión y siguen haciéndolo. Hasta ahora, sin embargo, las correlaciones que han encontrado entre ciertos tipos de escritura y ciertos tipos de habilidad han sido muy esquemáticas y han estado poco fundamentadas*.

Creo que podemos dar por establecido que no hay ni un grano de verdad en las afirmaciones de que los cazadores de cabezas, los buscadores de piel y pelo, los medidores de protuberancias y los "expertos" en grafología puedan hacer una selección adecuada de personal. Donde los farsantes psicológicos están haciendo daño, excluyendo el gran despilfarro económico que supone recurrir a ellos, es en impedir el establecimiento y la difusión de métodos científicos. Se hace sentir al hombre de negocios que la selección, contratación y promoción del personal debe hacerse mediante algún tipo de prestidigitación o incluso mediante el uso de métodos milagrosos. Los farsantes psicológicos perturban al propio trabajador. No puedo decirle cuántas veces han acudido a mí individuos seriamente angustiados por su vocación. Les iba bien en su trabajo, pero algún caracterólogo les había informado de que su futuro estaba en la ópera, en el servicio diplomático o en algún campo distinto de aquel en el que trabajaban, y sentían que debían renunciar a sus ocupaciones actuales para buscar un futuro desconocido y supuestamente ideal, sin disponer de evidencia alguna para tal decisión.

* *N. del E.:* las apreciaciones de Watson siguen teniendo vigencia en este punto. Numerosos estudios han informado de correlaciones débiles o inexistentes entre las características de la escritura y los rasgos de personalidad (ver, p.ej., Dazzi y Pedrabissi, 2009).

De este estudio de la personalidad podemos deducir que la industria no dispone de ninguna herramienta prefabricada cuyo uso exclusivo le permita seleccionar y promocionar a su personal con algún grado de seguridad. Sin duda, allí donde los psicólogos han entrado en organizaciones que tienen que seleccionar anualmente a un gran número de individuos, sus pruebas de inteligencia y rendimiento han sido de gran ayuda. Las pruebas de rendimiento deben construirse para la industria concreta en la que se van a aplicar. En estas condiciones, el psicólogo debe disponer de un tiempo considerable para estudiar las características generales de la empresa, los distintos tipos de operaciones, los diferentes niveles y tipos de demandas a las que responde el personal y la situación general y condiciones sociales que rodean al centro de trabajo.

Creo que las conclusiones de la mayoría de los fabricantes se han verificado. Su propia experiencia les ha enseñado que no hay nada como las observaciones diarias durante un periodo de algunos meses para medir las capacidades, la habilidad para aprender y la constitución emocional de los aspirantes. Muchas grandes industrias tienen escuelas de formación. No creo que los psicólogos tengan nada mejor que ofrecer que estas escuelas. Sólo pido una cosa: que sean realizadas conjuntamente por personas que conozcan realmente el sector en cuestión y por psicólogos que hayan tenido alguna formación en el mismo.

TRASTORNOS DE LA PERSONALIDAD

Somos lo que nuestra suma de hábitos hace de nosotros, es decir, somos la acción de nuestro sistema de hábitos operando este bajo el liderazgo, ahora de un determinado hábito, ahora de otro hábito determinado. Por ello, cualquier cosa que desajuste el sistema de hábitos limita o lesiona nuestra personalidad. Un pie dolorido nos roba nuestra zancada equilibrada al caminar; cojeamos favoreciendo el pie lesionado. Si nuestro brazo derecho está rígido y dolorido, el tenis se hace imposible. Pero la limitación a nuestra personalidad es leve. Hay millones (literalmente) de otros sistemas de hábitos listos para funcionar de forma alternativa o sustitutiva. Estaremos bastante seguros si alguien es capaz de hablar de forma coherente y lógica sobre quién es, dónde está, dónde estuvo y qué hizo ayer, anteayer, el mes y el año pasados, de que su personalidad está intacta. Esto se debe a que el ser humano es un animal que reacciona con palabras. Juzgamos su equilibrio y su cordura (como lego) por la coherencia de su discurso. En el capítulo anterior hice la suposición descabellada de que el 90% de las reacciones humanas son reacciones a palabras, incluyendo bajo reacciones a palabras tanto las palabras habladas como las palabras pensadas (habla interior o pensamiento). Disponemos de tantos cientos de miles de hábitos del habla que nada que no sea una avalancha de desastres puede perturbar seriamente nuestra organización de la palabra.

Sin embargo, incluso la organización del habla cede a veces. La vemos ceder al comienzo de la embriaguez: lentitud de respuesta, dificultad para pronunciar ciertas palabras, incapacidad para responder a preguntas, incapacidad para terminar frases o incluso palabras de más de una sílaba, y luego pérdida total del habla y el consiguiente estado comatoso. Al administrar un anestésico observamos algo similar. En la lucha por volver a la normalidad tras una anestesia prolongada encontramos un grupo de cambios aún más interesante. La primera palabra articulada puede ser el propio nombre del paciente o el nombre de su marido o esposa, luego silencio, luego el nombre, luego varias reiteraciones del nombre, luego silencio. Luego "oscuro"-"oscuro"-"dolor". Pronto se reafirman sistemas de hábitos cada vez más complejos. En una hora el paciente vuelve a hablar con normalidad. Aunque el paciente pueda estar paralizado del cuello para abajo, hablamos de él como si volviera a ser "él mismo" en cuanto las reacciones del habla se normalizan.

Estas son perturbaciones comunes de la personalidad que experimentan muchas personas. No se sabe en qué se diferencian paso a paso de los casos psicopatológicos más graves. En las enfermedades descritas popularmente como locura maníaco-depresiva, paranoia, demencia praecox (nombres que están siendo abandonados por los psiquiatras*), se producen profundos cambios en la personalidad. Lo más interesante de estos casos es que las alteraciones de la personalidad son los síntomas principales. A menudo no hay indicios de deterioro orgánico (lesiones cerebrales). Por este motivo, estas enfermedades suelen denominarse psicosis funcionales.

Hace unos años solíamos oír hablar mucho de "personalidad alterada", personalidades "dobles" y "triples", cambios de personalidad bajo hipnosis, durante trances; y otras misteriosas alteraciones de la conducta. La mayoría de las observaciones en este campo se han realizado con métodos antiguados y por integrantes de la vieja escuela psicológica. Se ha desarrollado una terminología compleja. Los observadores esperaban encontrar algo y suponían realmente su presencia desde el principio. Todo el campo debería ser revisado una y otra vez por psiquiatras entrenados desde el enfoque conductista. Personalmente, no creo que haya existido nunca un caso genuino de "doble" o "triple" personalidad. Incluso las personas "normales" se comportan de una manera ante sus cónyuges y de otra ante sus amantes; de una manera ante sus compañeros de copas y de otra en presencia de sus jefes. Vivimos vidas diferentes ante personas diferentes. Lo hemos hecho desde la infancia. Un psicólogo impresionado por el hipnotismo podría crear una "doble" personalidad en un paciente psicópata en muy pocas se-

* *N. del E.:* en realidad estas etiquetas han seguido evolucionado, ahora bajo los términos *bipolar* en el primer caso y *esquizofrenia* en los dos últimos.

siones de espiritismo sin saberlo, y en sesiones posteriores "descubrir" que el paciente tenía un caso marcado de "doble personalidad". Podía agrupar los hábitos de cocina y producir "Tillie*, la criada de fregadero"; agrupar las gracias sociales y producir "Tillie, la coqueta de salón". Entonces podría comenzar la cura del paciente consistente en unir las dos personalidades en una sola. Nunca sabría que en realidad se estaba engañando a sí mismo, que primero había construido las dobles personalidades y luego las había derribado.

¿PUEDE UN ADULTO CAMBIAR SU PERSONALIDAD?

Esta es la pregunta que más a menudo se hace el conductista. La respuesta es sí, si se esfuerza lo suficiente. No hay ninguna razón científica que impida cambiar la personalidad. Pero los límites prácticos del cambio suelen ser ciertamente estrechos. Piense en los millones de hábitos y condicionamientos establecidos desde la infancia hasta los treinta años. Luego recuerde que la personalidad es una sección transversal de dicha organización. ¿Podremos cambiar todo ello en unos pocos días o semanas? "Soy tímido. ¿Cómo puedo cambiar?" "Soy exhibicionista. ¿Puedo superarlo?" "Me dan miedo las mujeres; me siento atraído por ellas, pero cuando estoy cerca de ellas me aterrorizo". "No puedo dar conferencias. Me entra miedo cada vez que me levanto para hablar". "Soy pendenciero, ruidoso y fanfarrón. ¿Qué debo hacer al respecto?" Éstas son algunas de las preguntas que con frecuencia nos hacemos. El público desea recibir algún truco sencillo que cambie la personalidad sin esfuerzo. En mi caso personal, tenía esperanzas de poder recondicionar incluso las personalidades adultas. Ahora, a medida que envejezco, soy más escéptico sobre la posibilidad de cambiar fundamentalmente al adulto mediante los métodos psicológicos y psicoanalíticos ahora en boga. Mi escepticismo no surge tanto de la convicción de que no puede hacerse como de mi conocimiento de la pereza y la despreocupación del adulto medio. Pocos de nosotros tenemos las agallas de ceñirnos a la larga y ardua rutina que deberíamos seguir. Teóricamente se puede cambiar una personalidad siempre que el individuo tenga la adecuada motivación, pero por regla general no tenemos suficiente control sobre la vida del individuo, aunque se pusiera en nuestras manos, para poner en marcha procesos de recondicionamiento. Posiblemente, si tuviéramos un control absoluto sobre *la comida, el sexo, el cobijo*; si dispusiéramos de algún gran laboratorio de recondicionamiento al que se pudiera llevar al individuo durante un año

* *N. del E.:* diminutivo de Matilda, era un nombre frecuente en EEUU en el tiempo que escribe Watson.

para estudiarlo y experimentar con él rigurosamente, podríamos deshacer en un año lo que su crianza en el hogar haya urdido en treinta.

Pero con lo perezosos que son los humanos consigo mismos y careciendo de este montaje experimental, el adulto podrá cambiar su personalidad tan fácilmente como la cebra sus rayas.

Referencias de las Notas del Editor

Brewer, C. L. (2002). Furman's misbehaving behaviorist. *Furman Magazine, 45*(3), 2-8. https://scholarexchange.furman.edu/furman-magazine/vol45/iss3/4

Carrasco-Pujante, J., Bringas, C., Malaina, I., Fedetz, M., Martínez, L., Pérez-Yarza, G., ..., y De la Fuente, I. M. (2021). Associative conditioning is a robust systemic behavior in unicellular organisms: An interspecies comparison. *Frontiers in Microbiology, 12,* 707086. https://doi.org/10.3389/fmicb.2021.707086

Cason, H. (1922). The conditioned pupillary reaction. *Journal of Experimental Psychology, 5*(2), 108–146. https://doi.org/10.1037/h0074406

Chamisso, A. de. (2022). *Peter Schlemihls wundersame Geschichte.* Alpha. (Original publicado en 1814)

Cover Jones, M. (1924). A laboratory study of fear: the case of Peter. *Pedagogical Seminary, 31*(4), 308–315. https://doi.org/10.1080/08856559.1924.9944851

Dazzi, C., y Pedrabissi, L. (2009). Graphology and personality: an empirical study on validity of handwriting analysis. *Psychological Reports, 105*(3S), 1255–1268. https://doi.org/10.2466 PR0.105.F.1255-1268

Dickens, C. (2008). *American Notes.* CSP Classic Texts. (Original publicado en 1842)

García Lorca, F. (2021). *El rey de Harlem: Poeta en Nueva York.* Baker Street. (Original publicado en 1940)

Green, J., Berry, K., Danquah, A., y Pratt, D. (2021). Attachment Security and Suicide Ideation and Behaviour: The Mediating Role of Reflective Functioning. *International Journal of Environmental Research and Public Health, 18*(6), 3090. https://doi.org/10.3390/ijerph18063090

Hall, G., & Sundberg, M. L. (1987). Teaching mands by manipulating conditioned establishing operations. *The Analysis of Verbal Behavior, 5,* 41–53. https://doi.org/10.1007/BF03392819

Hannush, M. J., & Watson, J. B. (1987). John B. Watson remembered: an interview with James B. Watson. *Journal of the History of the Behavioral Sciences, 23*(2), 137–152.

Harris, B. (2020). Journals, referees, and gatekeepers in the dispute over Little Albert, 2009–2014. *History of Psychology, 23*(2), 103–121. https://doi.org/10.1037/hop0000087

Hartley, M., & Commire, A. (1988). *Breaking the Silence.* G. P. Putnam's sons.

Kempf, E. J. (1920). *Psychopathology.* C. V. Mosby Co.

Mikulincer, M. (1995). Attachment style and the mental representation of the self. *Journal of Personality and Social Psychology, 69*(6), 1203–1215. https://doi.org/10.1037/0022-3514.69.6.1203

National Institute of Mental Health. (2024). *Suicide.* https://www.nimh.nih.gov/health/statistics/suicide#part_2557

O'Neill, E. (2011). *The Emperor Jones*. Dover Thrift. (Original publicado en 1920)

Powell, R. A., Digdon, N., Harris, B., y Smithson, C. (2014). Correcting the record on Watson, and Little Albert: Albert Barger as "Psychology's lost boy". *American Psychologist, 69*(6), 600–611. https://doi.org/10.1037/a0036854

Reim, N. (2004). In the beginning: A history of developmental disabilities in New Jersey. *People with Disabilities, 14*(1), 4-11. https://mn.gov/mnddc/parallels2/pdf/00s/04/04-OH-PDM.pdf

Rivers, W. H. R. (1901). Primitive color vision. *The Popular Science Monthly, 59*(1), 44-58.

Shakespeare, W. (1920). *La tragedia de Mácbeth* (L. Astrana Marín, trad.). Espasa-Calpe. (Original publicado en 1623)

Skinner, B. F. (1959). John Broadus Watson, behaviorist. *Science, 129,* 197–198. https://doi.org/10.1126/science.129.3343.197

Terman, L. M. (1943). Mental and physical traits of a thousand gifted children. En R. G. Barker, J. S. Kounin, y H. F. Wright (Eds.), *Child Behavior and Development: A Course of Representative Studies* (págs. 279–306). McGraw-Hill. https://doi.org/10.1037/10786-017 (Original publicado en 1925)

Watson, J. B., y Watson, R. (1928). *Psychological care of infant and child.* George Allen and Unwin Ltd.

Woodworth, R. (1926). III. Thorndike's contributions to psychology and education. *Teachers College Record, 27*(5), 516-575. https://doi.org/10.1177/016146812602700504

Índice Analítico

Índice Onomástico